¡VIVE TU LIDERAZG!

La urgencia de vivir como EL LÍDER QUE YA ERES

¡VIVE TU LIDERAZGO!

La urgencia de vivir como EL LÍDER QUE YA ERES

liderazgo * vencer retos
honra * respeto * humildad
actitud * acciones * tiempo
disciplina * entrenamiento
intencionalidad * enfoque * visión
maximizar *carácter * corazón
relaciones * resultados * desempeño
excelencia * sabiduría * multiplicación
innovación * superlativo * vida

Abraham Figuera Álvarez

La misión de Editorial Vida es ser la compañía líder en satisfacer las necesidades de las personas con recursos cuyo contenido glorifique al Señor Jesucristo y promueva principios bíblicos.

¡VIVE TU LIDERAZGO!
Edición en español publicada por
Editorial Vida – 2013
Miami, Florida

© 2013 por Abraham Figuera Álvarez

Este título también está disponible en formato electrónico.

Editora en Jefe: *Graciela Lelli*
Diseño interior: *Grupo Nivel Uno, Inc.*

ISBN: 978-0-8297-5923-5

CATEGORÍA: Ministerio cristiano / Recursos pastorales

IMPRESO EN ESTADOS UNIDOS DE AMÉRICA
PRINTED IN UNITED STATES OF AMERICA

13 14 15 16 17 ❖ 6 5 4 3 2

Contenido

Antes de empezar

Al tener un libro en las manos, las personas tienden a creer que el autor ya se ha convertido en un absoluto experto en la temática o que ya se ha consumado en todo lo que ha escrito. No estoy seguro si esto es posible para algunas personas, solo sé que en mi caso no es así. El hecho de que haya escrito estas líneas para compartirlas contigo y que Dios me haya dado la oportunidad de publicarlas no quiere decir que esté consumado en los temas que aquí expongo. Por el contrario, creo que aún es mucho lo que me falta por aprender, por ver y por enseñar. De hecho, este libro en sí ha sido una gran escuela.

Espero que las ideas, que considero valiosas, te sean útiles en tu condición de líder. Mientras estemos vivos el aprendizaje nunca va a pasar a la lista de asuntos agotados; siempre podemos expandirnos y eso requiere aprendizaje.

Te saludo, te agradezco por abrir este libro y desde ahora mismo te animo a vivir tu liderazgo.

Con aprecio,
Abraham

Agradecimientos

Son tantos a quienes tengo que agradecerles y tan poco el espacio. Les aseguro que no aparecen en orden de importancia.

Mi agradecimiento a mi linda madre, quien sin lugar a duda ha tenido un preeminente lugar en mi vida, en lo que hago y en quien soy. A mi muy especial y bella esposa, quien me acompaña en esta ruta llamada vida. Doy gracias a tantos líderes, mentores y amigos: Roberto, Oscar, Ender, Héctor, Juan «Rex», Alejandro, Juan V, todo el maravilloso equipo de «Lidere» y el equipo que me acompaña en Maracaibo, Venezuela. Le agradezco a mi querida familia, a mis muy profundamente apreciados amigos y a tanta gente cercana, y alguna no tan cercana, que me han dado ánimo de diversas maneras.

A todos, gracias por ser los medios mediante los cuales Dios me ha formado, ya sea en las buenas o las malas. Gracias por su compañía, consejo, apoyo y lecciones. Seguramente sin mucha de las experiencias que he vivido con ustedes hubiera sido imposible completar este libro.

En memoria de
Armando Figuera Rivas
1937–2008

Mi padre y mi gran amigo.
Vivió realzando la dignidad y la honestidad y por sobre
todas las cosas, se acercó a las personas mostrándoles
amor incondicional y una mano amiga en todo momen-
to. Él les dio a muchos (principalmente a mí) la oportu-
nidad de ver cómo Dios trabaja por medio de la gente.

Introducción

Así empieza todo

L imitadas por las creencias y paradigmas, un sinnúmero de personas se han confinado a vivir en una pequeña esquina del mundo privando al resto de que pueda disfrutar de los talentos y las capacidades que Dios les ha regalado. Estas personas se han dedicado a pensar que el éxito es solo para unos pocos privilegiados, nacidos con la buena fortuna de que la vida se acordara de ellos o que las circunstancias les beneficiaran dándoles mejores prerrogativas.

Las personas que piensan de este modo han desarrollado ideas incorrectas. Miran con admiración a las personas que han logrado cosechar grandes triunfos, las contemplan como si fueran héroes inalcanzables y luego piensan: sorprendente, pero estoy segura de que eso no es para mí. Pierden la emoción de la admiración momentánea y ven muy lejos la posibilidad de que alguna vez lleguen a ser alguien que disfruta su vida e influye en otras personas. Se resignan a lo que son hoy y aunque sienten hasta lo más profundo que no es suficiente, que falta algo más, no se atreven a dar pasos que puedan llevarlas hacia un mejor lugar. Piensan que ese mejor lugar no existe para ellas.

Incontables personas, no importa cuántas verdades esperanzadoras puedan escuchar respecto a ellas mismas, simplemente siempre terminan creyéndole a esa voz interna que les dice: «No eres suficientemente buena. Mejor quédate donde estás». Son personas con limitaciones autoimpuestas. Limitaciones que aceptaron en el camino y que les privan de desatar la potencialidad que hay dentro de ellas. De este modo quedan confinadas a experimentar una vida muy por debajo de la que Dios les diseñó para que vivieran.

¿Has visto esas películas donde un personaje que es el protagonista se comporta como un extra? No cree en sí mismo, se comporta torpemente, está inseguro de lo que hace, pero se encuentra al menos con alguien que le dice: «Yo creo en ti». Y luego de pasar por una cadena de sucesos descubre que puede actuar conforme a su rol; es decir, el de protagonista de la historia.

¿Por qué crees que son tan populares las películas donde esto sucede? La respuesta está en la increíble esperanza que les da a muchos. Al ver a una persona así lograr el triunfo, es alentador sentir: *si él pudo, entonces yo también podré*. Pero hasta ahí llega todo. Al pasar las dos horas de entretenimiento inspirador regresan a sus vidas cotidianas; limitadas y afectadas por la insatisfacción.

No se trata del azar, ni tampoco de haber nacido en mejores condiciones. No tiene que ver con cuánto dinero podemos producir o a qué clase de personas conocemos. La verdadera realización proviene de vivir nuestro liderazgo. De ocupar nuestro lugar en el espacio y tiempo que nos toca vivir y hacerlo con dignidad, excelencia y afectando la eternidad.

Caminar convencidos de que estamos para lograr mejores familias, empresas, iglesias y sociedades, es clave para desempeñar un rol protagónico en la historia que nos toca escribir con nuestras acciones.

Vivir nuestro liderazgo es considerarnos dignos y comportarnos como tal. Levantar la cabeza, soñar con grandes cambios, ser capaces de ejecutar las acciones necesarias para alcanzar un gran destino e influenciar profundamente en otros. Pero no con una dignidad que proviene del orgullo humano o de la suficiencia propia, sino una que encuentra su origen en Dios, que deriva de reconocer la manera en la que hemos sido creados y el perfecto plan de Él.

Para vivir tu liderazgo no tienes que estar en un gran puesto de trabajo o ser alguien de renombre. Solo necesitas reconocer las potencialidades y los talentos que fueron depositados dentro de ti y tener un compromiso especial para convertirte en alguien que se desarrolla, día a día, en una mejor versión de sí mismo con la ayuda de Dios. Esto significa vivir bajo el compromiso del aprendizaje y la aplicación de los principios eternos y ser movido por el amor y el servicio a quienes te rodean. Necesitamos entender que Dios nos colocó aquí con el especial propósito de impactar de manera positiva a nuestro mundo y nuestra generación y dejar un legado a los que vienen después de nosotros.

Una vez que alguien decide vivir su liderazgo, se convierte en una persona de poderosa influencia y puede llegar a alcanzar a muchas vidas más allá de la suya propia. ¡Despierta! No se trata de esa pequeña esquina que hemos escogido para vivir o en la que alguien nos dejó. Se trata de algo mucho más grande. Hay miles de personas que necesitan de tus talentos, capacidades y dones, de tu sonrisa y tu presencia. Incontable cantidad de personas podría verse afectada de manera positiva si decides creer en esas buenas ideas que están en tu mente, si decides tomar en serio los sueños que están dentro de tu corazón y cristalizarlos. Dios mismo ha depositado en ti un sinfín de posibilidades. Separados de Él nada podemos hacer; junto a Él podemos hacer cosas realmente increíbles y maravillosas.

Antes de continuar debo advertirte: nada de lo que tenemos es para nuestro beneficio exclusivo. Si nos sentamos a analizar la vida, en resumen todo lo bueno e importante se trata de servir a otros. Con nuestras acciones siempre terminamos alcanzando a otros y ejerciendo un efecto en sus vidas. Dicho efecto puede ser negativo o positivo; todo recae sobre nuestra decisión. Es aquí donde la intencionalidad y el cuidado cobran valor. Es imperativo ser intencional para liderar a las personas a nuestro alrededor mucho más allá de donde hoy están, ya que el liderazgo implica la movilización. Seamos líderes que ayuden a otros a tener esperanza, a sonreír, a soñar, a trabajar... a creer más. Quiero retarte a tomar una decisión: desde ahora y cada día escoge vivir tu liderazgo.

Capítulo 1

No es lo que tienes, es lo que eres

«Levántate, pues ésta es tu responsabilidad;
nosotros te apoyamos.
¡Cobra ánimo y pon manos a la obra!».
ESDRAS 10.4, NVI

L iderazgo, liderazgo, liderazgo. Es muy grande el cúmulo de cosas que se han hablado y escrito respecto a este tema. Existe una cantidad casi incontable de paradigmas respecto al asunto. Curiosamente, cuando uno conversa con las personas sobre este tema pareciera que algunos tienen ideas abstractas y hasta confusas; pero a pesar de eso, todos tienen algo que decir. Esto es natural porque el liderazgo es un elemento intrínseco en el funcionamiento de la humanidad, por lo tanto todos tienen una opinión aunque sea medianamente formada. Les he preguntado a unas cuantas personas qué es para ellas el liderazgo, les he pedido que me dijeran su óptica personal al respecto y en una gran cantidad de ocasiones la reacción y la respuesta fueron muy parecidas. La mayoría de sus ideas giraban en torno a los mismos elementos. Según lo que he observado, la creencia común es que un líder es alguien que:

Tiene carisma.

Ha tenido éxito en la obtención de bienes materiales o riquezas.

Goza de aceptación popular.

Tiene gente a su cargo, es el jefe o es el que manda.

Es manipulador o persuasivo (aunque no son lo mismo).

Logra que los demás hagan lo que él quiere.

Quizá algo de lo mencionado anteriormente no esté lejos de las cualidades o efectos que despliega o genera un líder, pero definitivamente liderazgo es algo que va mucho más allá de todo esto.

Veamos lo que dice el renombrado empresario, filántropo y genio de tecnología Bill Gates: «En Microsoft hay toneladas de grandes ideas brillantes y la idea común es que todas vienen de los altos cargos de la organización. Me temo que esto no es del todo correcto».[1] Gates reconoce que no todas las cosas importantes suceden en la cima. Sabe que hay mucha gente en su organización que influyen, que realizan grandes aportes y que no pertenecen a la mesa de directivas y probablemente ni siquiera sean gerentes o altos ejecutivos. Seamos honestos: tú y yo sabemos que ideas como el Xbox 360 u otros programas innovadores por lo general son creación de algún genio que pasa la vida pegado a una computadora. Ellos no toman las grandes decisiones, pero sí crean los productos que hacen posible que haya muchas de esas decisiones que tomar. Te invito por un momento a pensar conmigo: ese individuo que generó una idea brillante que derivó en un producto que cambió el mercado y por ende el destino de una empresa, ¿es un líder o no? Mi respuesta personal es, sí lo es. No hace falta estar en la cima, ser carismático o tener personas a cargo para cambiar el rumbo de una organización, una familia o una nación. Gates sabe esto y reconoce que esas ideas que no son de la gente que está en el tope de su empresa muchas veces son las que hacen que su empresa sí lo esté.

Todo el panorama de nuestra vida empieza a cambiar cuando cobramos esta perspectiva. Empezamos a reconocernos y a reconocer a nuestros prójimos de forma diferente. Particularmente en nuestra vida todo empieza a fluir de forma especial cuando descubrimos y aceptamos que tenemos un caudal de cualidades, talentos, dones y potencialidad que está asociado a nuestra persona y que nos fue entregado por Dios con un propósito definido. Al entender que el liderazgo es algo que vives basado en lo que eres, no en lo que tienes o en lo que haces, se cobra un sentido más elevado sobre nuestros roles de vida. Ese entendimiento creciente nos permite tener la seguridad personal y paz suficientes para desarrollar nuestra caja de herramientas (cualidades, talentos, dones y potencial) y ponerla a funcionar conforme a un plan y un llamado de vida para el desarrollo propio y el de todo el que esté a nuestro alcance, es decir, para vivir nuestro liderazgo.

En lugar de llenarte de definiciones académicas sobre lo que es liderazgo, deseo invitarte a vivirlo. No tengo ningún problema con las definiciones (de hecho, las aprecio), solo que para el caso más acción y menos definición es lo que se requiere. Si necesitas saberlo desde ahora mismo, comparto plenamente la idea que tanto se ha remarcado: «liderazgo es influencia». Para mí esto se traduce en transformación personal y vivir intencionalmente para afectar de manera positiva a otros. Esto implica añadir valor e impulsar a personas en el desarrollo de su carácter y potencialidad. ¿Que cómo funciona esto? Lo podrás descubrir a lo largo de este libro.

Un liderazgo atrofiado

Quiero hablarte de un campeón. Si pudiste ver los juegos olímpicos Londres 2012 posiblemente escuchaste sobre él: un suramericano que ganó la medalla de oro en esgrima, Rubén Limardo.

Rubén le dio a Venezuela su segunda medalla olímpica, por cierto, en un deporte muy poco común en nuestro país. Sabemos mucho de béisbol, algo de baloncesto y en años recientes nos hemos adentrado en el mundo del fútbol, pero definitivamente la esgrima no es común.

Liderazgo se traduce en transformación personal y vivir intencionalmente para afectar de manera positiva a otros. Esto implica añadir valor e impulsar a personas en el desarrollo de su carácter y potencialidad.

Recuerdo que estaba almorzando mientras veía el combate en que ganó el oro olímpico. La comunicación con amigos, punto tras punto, era incesante. El país entero se paralizó durante unos minutos ese mediodía de agosto, todos aupando juntos a nuestro esgrimista. Recuerdo con claridad como daba la última estocada con una habilidad y elasticidad magistrales, al tiempo que esquivaba los ataques, coronaba a su oponente con su arma de combate en la mano izquierda. Pero Limardo, a quien siempre vimos compitiendo como zurdo, ganar torneos y hasta convertirse en el campeón olímpico como zurdo, no es zurdo.

La periodista Mariana Moreno, de *El Nacional*, escribió esta interesante reseña acerca del atleta el 2 de agosto de 2012:

El sueño olímpico de Rubén Limardo comenzó hace casi dos décadas, en su natal Ciudad Bolívar, cuando jugaba a los piratas con sus primos. Sus compañeros de travesuras de entonces son hoy, en su mayoría, miembros de la selección nacional de esgrima. Su hermano menor, Francisco, compitió a su lado en Pekín 2008 y su prima, María Gabriela Martínez, lo acompaña en Londres.

Cuando el hijo mayor de Francisco Limardo tenía siete años de edad su tío, Ruperto Gascón, llegó de Ucrania con un diploma que lo certificaba como entrenador de esgrima, pero con nulas oportunidades de ejercer su profesión en Venezuela.

Gascón y sus hermanas reunieron a los niños de la casa y les enseñaron los fundamentos de la disciplina. Allí comenzó un camino que llevó a Rubén a ser Campeón Mundial Juvenil en 2005 y campeón panamericano en Río 2007.

Un accidente en patineta cuando tenía 12 años selló su destino deportivo. Una fractura en el brazo derecho le obligó a comenzar a competir como zurdo y a cambiarse de arma. En sus inicios, dominaba el florete. Pocos años después, decidió mudarse a Ucrania —y luego a Polonia—, siempre en compañía de su tío Ruperto, para formarse más rigurosamente.

De esos años duros, en una cultura distinta, con un clima tan lejano del de su tierra guayanesa, luchando por dominar el idioma y subsistir con privaciones, forjó su carácter y fortaleció su hambre de triunfo.[2]

Esta es la actitud de un verdadero campeón: aprendizaje, cambio, transformación. Esta conducta muestra el carácter de alguien que está comprometido con una meta. De alguien que

toma la resolución de hacer lo que sea necesario para desarrollar lo que tenga que desarrollarse, para poder así alcanzar lo
que quiere ser alcanzado. Él no permitió que su liderazgo y su
sueño se atrofiaran por ese gran obstáculo que se presentó en su
camino.

En muchos, las cualidades, los talentos y los llamados personales se encuentran atrofiados. Algo atrofiado es algo que le
ha sido imposible desarrollarse. Debes notar que hay una diferencia entre estar atrofiado y ser inexistente. Lo atrofiado existe, pero no se desarrolló. Lo inexistente simplemente no existe,
nunca estuvo. Del mismo modo, el liderazgo en la vida de gran
cantidad de personas existe, pero está atrofiado. Fuimos creados
con la capacidad de liderar, solo que por diversas razones hemos
atrofiado esta capacidad o hemos permitido que alguien lo haga.
Debes ser libre del mito que dice que solo algunos nacieron para
ser líderes. Todos fuimos creados con un plan y propósito de Dios
para la vida, no es solo para un pequeño grupo de privilegiados.
El liderazgo no tiene que ver con la altura en el organigrama,
sino con la anchura del corazón. Los mejores líderes son aquellos
que entienden que no estamos en la vida solo para ocupar espacio
y consumir oxígeno y recursos, sino que nuestra presencia debe
ejercer una influencia para el bien. Por esto, debemos esforzarnos, prepararnos y hacer lo que tengamos que hacer para cristalizar nuestra vida en torno a ese plan, y ayudar a otros a hacerlo.

Algunos pueden llegar a pensar que es presuntuoso tratar
de desarrollarse e ir por más, tratar de cambiar nuestra vida y
desarrollar sus potencialidades. Muchos podrían preguntarse:
«¿Quién soy yo para pensar que puedo afectar de manera positiva
la vida de otros?». o: «¿Quién soy yo para pensar que puedo ser
más de lo que soy hoy?» y cosas como estas. Estas ideas provienen de no creerse dignos de la oportunidad de caminar más allá
de las fronteras marcadas por sus limitaciones.

El miedo a ponernos en movimiento y atrevernos a vivir nuestro liderazgo es una señal común de las personas que llevan vidas «promedio». Muy pocas veces las personas creen que tienen algo importante que aportar o decir y miran a sus sueños como «tonterías de un momento de ocio».

El liderazgo atrofiado es común; más común de lo que se piensa. Un buen ejemplo de esto es Juan el Bautista. Se encuentra en el capítulo tres del Evangelio de Mateo, en la Biblia. Ahí se nos narra que Juan estaba en el desierto haciendo algo para Dios. Él estaba llamando a las personas a un cambio en la vida (arrepentimiento) y bautizándolas. Un buen día apareció Jesús y esto fue lo que sucedió:

Un día Jesús fue de Galilea al Jordán para que Juan lo bautizara. Pero Juan trató de disuadirlo.

—Yo soy el que necesita ser bautizado por ti, ¿y tú vienes a mí? —objetó.

—Dejémoslo así por ahora, pues nos conviene cumplir con lo que es justo —le contestó Jesús. Entonces Juan consintió (Mateo 3.13–15, NVI).

Me gusta pensar en cómo fue ese encuentro y te invito a imaginártelo conmigo. Pensemos en Juan diciéndole a Jesús algo parecido a esto: «Sé que estoy aquí bautizando a personas para ti y hablándoles que Dios es el Señor sobre todas las cosas. Pero tú no puedes venir aquí a pedirme algo que no estoy capacitado para hacer, que no soy digno de hacer». Jesús le respondió literalmente: «Dejémoslo así por ahora, pues nos conviene cumplir con lo que es justo». La respuesta del Maestro fue: «Mira Juan, vamos a dejar tus comentarios y enfoquémonos en lo que es importante. Yo te puse en esta tierra para cumplir con ciertos asuntos y en este momento necesito que me sirvas con lo que sé que te di. Así que vamos al grano, bautízame. Toma tu posición en esta vida. Cumple el papel que te toca cumplir y luego atendemos ese asunto de tu negativa inicial».

Dicho sea de paso, no puedo dejar de mencionar que en medio de esta escena descubrimos que Dios entiende perfectamente nuestras acciones, nuestros miedos y las parálisis que vivimos frente a las oportunidades de crecer. De hecho, Jesús prefirió decirle: «Dejémoslo así». No lo exhortó, no lo confrontó, solo lo comprendió, lo detuvo y lo guio a un punto decisivo. Los líderes conducen a las personas a momentos cruciales de cambio. Obviamente la negativa de Juan el Bautista no provenía de la rebeldía, sino de la indignidad personal que sentía frente al Señor. Tal como Jesús reconoció que Juan le hablaba desde su debilidad humana, de la misma manera reconoce nuestros frágiles, heridos y temerosos corazones y sabe perfectamente lo que nos ha impedido hasta hoy vivir nuestro liderazgo. «Dios nunca pregunta por nuestra habilidad ni por nuestra inhabilidad, solo por nuestra disponibilidad».

La vida avanza, no se detiene. Aunque tú estés paralizado, todo sigue adelante. Debes decidir si te pondrás en marcha o te quedarás impávido, expectante y lamentándote. Tú eliges si vivirás tu liderazgo o si solo andarás en una marcha sin sentido y carente de propósito. Si eliges lo segundo, hasta lo último de tus días estarás sintiendo que fuiste hecho para más. Personalmente estoy convencido de que Dios aún tiene grandes oportunidades para ti. No ha terminado contigo. Por lo tanto, tú tampoco deberías sentirte acabado en la carrera. Muévete. ¡Vive tu liderazgo!

Todas las razones por las cuales sientas que no puedes para liderar se caen frente a la idea de que el liderazgo es algo que vives basado en lo que eres, no en lo que tienes o haces; es decir, es algo que está dentro de ti. Solo debes sacarlo y ya es el tiempo.

Me quitaron la tablita flotante

Recuerdo que de niño sufría de algunas dificultades respiratorias, cuando muy pequeño incluso me daba asma. Cuando crecí un poco, el médico le dijo a mi mamá que para mejorar mi condición tomara clases de natación. Cerca de mi casa había un club con una gran piscina, así que mis padres decidieron inscribirme para que tomara clases durante las tardes. De modo que ahí estaba yo.

Cada tarde iba a tomar lecciones para aprender a nadar. Al principio me costó hasta entrar solo en la piscina. Pero el entrenador era muy bueno y tenía carisma, así que se ganó mi confianza rápidamente. Como todos éramos niños, teníamos una tabla plástica que era un flotador. La recuerdo perfectamente. Era de color anaranjado y fue mi compañera por muchos meses. El propósito de ella era que pudiera sostenerme de algo mientras desarrollaba la capacidad de nadar.

En realidad le tomé gusto a la natación. Iba muy entusiasmado cada día a las clases, el único detalle era que después de mucho tiempo aún seguía usando la tabla de flotar. Andrés (así se llamaba el entrenador) me decía que soltara la tablita y yo me negaba rotundamente. ¡Le decía que iba a morirme ahogado! Aunque muy dramático de mi parte, sí tenía mucho miedo a ahogarme en la piscina. Sabía de primera mano lo que era tener dificultades para respirar.

Una tarde todo terminó. Andrés se acercó a mi mamá y le dijo: «Señora, su hijo ya sabe nadar, pero no se atreve a dejar la tabla de apoyo». Mi mamá, en un movimiento muy temerario, le dijo: «Pues llévelo al medio de la piscina, se la quita y lo deja ahí». Pero no pienses mal de mi mamá. Esa fue la mejor decisión que pudo tomar respecto a eso. Yo sabía nadar, ya estaba listo en cuanto a preparación, pero no en cuanto a mi actitud y creencias. Estaba dominado por el miedo y por lo tanto, no me atrevía a salir de mi zona de comodidad y seguridad.

Siguiendo con la historia. Inmediatamente Andrés le preguntó: «¿Pero quiere que lo haga hoy?». Mi mamá le respondió: «¡Noooooo! Eso me da mucho miedo. Espere a la clase siguiente». Ella habló con mi prima Yaluz, quien es mayor que yo y es como mi hermana, y le dijo que me llevara a la clase de natación y le explicó lo que iba a suceder. Y llegó el momento. Recuerdo que ahí estaba agarrado a mi tablita, nadando, chapoteando agua y seguramente con una sonrisa en el rostro, silbando y tarareando alguna canción. Imagínalo, un niño, la piscina y la seguridad de que todo está absolutamente bien, disfrutando el momento. Pero de repente de la nada salió Andrés, tal como un tiburón de película, me arrancó el flotador y desapareció. Ahí quedé yo, en la mitad de una piscina de enormes dimensiones. Empecé a ofenderlo en cuanta manera conocía, pero de forma entrecortada porque me estaba hundiendo. Comencé a manotear por todos lados, a tragar agua y a desesperarme. Sin embargo, en medio de aquello me dije: «¡YO SÉ NADAR!». Empecé a calmarme y en lugar de dar manotazos comencé a dar brazadas y avanzar hacia la orilla. Logré llegar a un lugar seguro y hasta ese día utilicé la tablita. En ese momento no tuve más opción, tenía que usar lo que sabía que estaba dentro de mí y vencer lo que me decía que no podía lograrlo o me ahogaría. Claro que Andrés no lo iba a permitir, pero no yo no podía contar con eso. ¡Él me había quitado la tablita! Mejor que me valiera por mí mismo y me aseguraba de llegar a la orilla.

Es tiempo de dejar atrás el temor y dar pasos con coraje y valentía. Al no atrevernos a vivir nuestro liderazgo estamos privándonos y privando a muchas personas alrededor de nosotros de experimentar vidas mejores. No se trata de ti; mira a tu alrededor. **Cuando movilizas, inspiras, ayudas o sirves a otros, entonces estás liderando**... y para hacer esto no necesitas nada más que decidirte a hacerlo. «Levántate, pues esta es tu responsabilidad;

nosotros te apoyamos. ¡Cobra ánimo, y pon manos a la obra!» (Esdras 10.4, NVI).

A Esdras le exigieron que se levantara y tomara parte de la vida, que cumpliera con su rol. Al no tomar tu papel, cosas importantes están dejando de pasar. Al dejar de hacer tu parte gente está siendo afectada; familias están en crisis; el crecimiento personal, profesional y espiritual de otras personas se está trastocando; empresas están siendo privadas de mayores niveles de productividad; muchas personas dejan de conocer a Dios; iglesias y fundaciones están en necesidad de voluntarios; sociedades están dejando de ser afectadas positivamente. Todo porque no decides sacar lo mejor de ti y llevar tu vida hacia nuevos niveles. ¿Qué te parece esto?

No te atrevas a preguntarte si Dios quiere o está dispuesto a respaldarte. Él te creó con una finalidad, te dio herramientas, y ha dispuesto estrategias y principios para que aprendas a usarlas y desarrollarlas y, además de todo, hizo un claro compromiso de acompañarte. ¿Necesitas algo más?

Todo se trata de dejar de mirar las circunstancias y empezar a mirar hacia dentro y preguntarte: *¿qué puede mejorar en mí para llevarme a ser mejor y para ayudarme a producir un impacto en otros?*

Me encanta soñar en grande, pero la verdad es que los grandes sueños se van construyendo con pequeñas metas, así que antes de desear impactar al mundo empieza por impactarte a ti mismo e impactar a tu entorno más cercano.

Quizá puedas estar pensando que todo puede sonar inspirador en el papel, pero que tu situación personal o las experiencias que has vivido no te permiten decidirte a vivir tu liderazgo..., independientemente de lo malo que haya sido el camino que te trajo hasta hoy, quedarte pasmado y pensando que no hay más nada que buscar, definitivamente no es la decisión más inteligente.

Debo decirte que Dios sabe muy bien lo que podría pasar si decides desarrollar todo lo que hay dentro de ti. Él anhela verte realizado y dando lo mejor de ti a otros, aunque en ocasiones llegar a esa realización pase por atravesar momentos difíciles para que podamos ser procesados, mejorados y pulidos.

Tu familia, tu empresa, tu iglesia y la sociedad necesitan lo que tú tienes para dar. Quizá ellos no lo saben, tal vez no se han enterado, pero seguramente cuando tengas la disposición de vivir como el líder que fuiste creado para ser, ellos se enterarán y estarán muy agradecidos porque serás parte de un cambio del que muchos se beneficiarán.

Cuando decides dar tu mejor esfuerzo y creer lo que Dios puede hacer en ti y por medio de ti, suceden cosas grandes e inesperadas.

Por ahí dicen que solo hay dos clases de personas, las que son parte de las soluciones y las que son parte de los problemas, es decir, los que viven su liderazgo y los que tienen el liderazgo atrofiado... es tiempo de elegir.

¿A qué grupo eliges pertenecer?

Muchos han condicionado sus vidas a maneras de caminar. Entre ellas tenemos:

a. Codiciosos: se dedican a perseguir de forma desmedida metas materiales que supuestamente les harán felices y prósperos. Muchas veces no tienen ni idea de que no es saludable, pero sienten el vacío de una vida centrada en cosas no perdurables.

b. Soñadores: admiran a quienes han alcanzado metas y piensan que estos logros les han brindado la felicidad. Por esto sueñan lograrlo ellos, pero no hacen nada para que sea así.

c. Resentidos: están frustrados y molestos al mirar que otros pudieron destacarse mientras que ellos no. Piensan que es culpa de todo el mundo menos de ellos, porque «pobrecito de mí, no tuve la oportunidad».

d. Indiferentes: no se han dado cuenta de nada de lo que está pasando, que hay un mundo más grande que ellos y que las posibilidades son muchas. Solo están viviendo por inercia, cada día siguen una rutina y sencillamente están tranquilos siendo así.

e. Curiosos: quieren más. Tienen una inquietud genuina por otro tipo de vida, pero no saben qué hacer para obtener lo que tanto desean. A veces saben que desean algo más, pero no saben exactamente qué. Se encuentran en la búsqueda de nuevas fronteras y esperan pronto cruzar hacia el umbral del éxito.

f. Líderes que influyen: un pequeño grupo que ha decidido influir de verdad. Es el grupo que decidió vivir su liderazgo.

No son muchos los que deciden verse a sí mismos como valiosa creación y aceptar la idea de que tienen algo de mucho valor que entregar a otros. Son pocos los que reconocen que ese algo va a generar un efecto positivo y expansivo a su alrededor. Escasean los que dejan de mirarse a sí mismos con indignidad y cobran ánimo para atreverse a romper sus propias limitaciones.

Solo un pequeño grupo ha decidido dar el paso de vivir su liderazgo. Son contados los que han seleccionado la felicidad de cumplir poderosamente sus roles en la etapa de la vida en la que se encuentran, sin mirar el paradigma común de éxito. Entendiendo que liderar tiene que ver con ser una posibilidad, con desarrollarse y ayudar a otros en su desarrollo, con ser modelo a seguir y con generar transformación en lo que les rodea. Liderar tiene que ver con movilizar personas hacia un destino mejor, con lograr las metas que son verdaderamente importantes y trascendentes.

El que vive su liderazgo es alguien que ha decidido, de forma consciente, alcanzar el desarrollo de su vida y potencialidad. El que vive su liderazgo toma la decisión de multiplicar sus talentos, cualidades y habilidades, es decir, de crecer como individuo para apuntar hacia el alcance de un mejor destino personal, mientras ayuda a otros a lograr lo mismo. Todo esto es posible si le rinde plenamente su vida a Cristo, pues solo en Él podemos hallar plena realización. Solo de Él podemos aprender las mayores lecciones del liderazgo en su forma más genuina. Solo por medio de Él hallamos el cambio necesario. Sin Él las cosas funcionan a medias. Si no lo crees, solo experiméntalo y lo verás.

Reconoce que tienes un rol que jugar en esta vida. Fíjate un destino y vive intencionalmente. Recuerda siempre esto: el liderazgo se vive basado en lo que eres, no en lo que tienes o en lo que haces.

No importa cómo te veas a ti mismo, Dios siempre te ve bien y sigue creyendo en ti. Créele más a Él y menos a ti. ¡Vive tu liderazgo!

Capítulo 2

Esto es un reto y los retos son para vencerlos

Su papá quería que fuera un deportista. Aún no había nacido, pero ya todos en la familia sabían que venía un hombrecito y como tal su papá quería que el heredero fuera un campeón en la cancha. Pero el camino daría un giro inesperado y todo terminaría diferente.

La primera vez que escuché de ellos fue hace dos años. Vi su historia en un programa de televisión muy famoso por inspirador y conmovedor: *Extreme Makeover: Home Edition*. En este programa un equipo de especialistas ayuda a personas que se encuentran en extrema necesidad. Les derrumban sus casas y solo en una

semana las construyen de nuevo dejándolas realmente espectacu-
lares. En adición a esto, siempre les buscan alternativas y ayudas
a dichas familias para que no solo tengan una casa nueva, sino una
nueva vida por completo. La historia de esta familia en particular
me impactó. Quiero hablarles de la familia Hughes y en especial
de Patrick Henry Hughes. Esta es su biografía oficial:

Patrick Henry es un destacado joven que nació sin ojos
y sin la capacidad genética de desarrollar fortaleza en
sus manos y piernas lo cual le impide caminar. Adicionalmente a esto se le fijaron quirúrgicamente dos discos
de acero en la espina dorsal de Patrick para corregir la
escoliosis.

A pesar de que las circunstancias puedan parecer
abrumadoras, Patrick ha superado sus limitaciones físi-
cas alcanzando la excelencia como músico, estudiante,
artista y conferencista. Patrick empezó a tocar el piano a
los nueve meses, hoy día además de dominar el piano con
virtuosismo también toca la trompeta, canta y compone.

Patrick ha participado en la banda de la universidad
de Louisville con la ayuda de su papá Patrick John quien
incansablemente maniobra la silla de ruedas de su hijo en
medio de una formación de más de 220 músicos. Patrick
siempre obtiene A en sus calificaciones, de hecho en toda
su carrera de primaria y secundaria solo recibió tres B y
se graduó de la universidad con grado Magna Cum Lau-
de. Adicionalmente Patrick tiene una especialización en
idioma español y de hecho lo habla fluidamente.

Un pianista virtuoso, vocalista y trompetista que ha
ganado numerosas competencias, así como también ha
recibido múltiples reconocimientos y premiaciones hono-
ríficas, ha estado en los medios como ESPN, ABC, Oprah,

CBS, *Extreme Makeover*, Fox, NBC, Revista *People*, *Sports Illustrated* y muchas otras más.[1]

La primera vez que lo vi en televisión, las personas de Extreme Makeover habían instalado unos equipos especiales y un estudio de grabación en la habitación de Patrick. Recuerdo claramente que él dijo: «Estoy muy emocionado. No puedo esperar para aprender a usarlos y ver si puedo grabar un disco».[2] Para la fecha que estoy escribiendo esto ya él ha grabado dos discos y además, escribió un libro llamado *I Am Potential* [Soy potencial]. Interesante, Patrick no nos dice «yo tengo potencial», sino «yo soy potencial».

Se encuentra en una silla de ruedas, no puede caminar. Jamás ha visto ni podrá ver un juego de fútbol americano, sin embargo es parte de la banda que los anima y entusiasma al público. No puede ver las teclas del piano, sin embargo toca como un virtuoso. No tiene ojos para leer, sin embargo se graduó con las más altas calificaciones posibles. Es excelente en lo que hace, se destaca, alcanza grandes méritos y sobrepasa el promedio en todo lo que hace. ¿Qué lo hace tan especial? Creo que lo resume una declaración que él mismo dio en un reportaje: «Mi discapacidad no es una discapacidad, es una habilidad».[3]

Los líderes se paran frente a la adversidad y le hacen frente.

Cambia el enfoque

¡Vive tu liderazgo! Es un reto, un llamado, un impulso a un cambio radical de vida. Una invitación a dar un giro total. Esto sin duda alguna traerá consigo la necesidad de una actitud de determinación y valentía para vencer los retos.

Nadie dijo nunca que el camino sería fácil. De hecho, muchas veces enormes obstáculos se interponen entre nosotros y nuestro crecimiento, planes y sueños. Sabemos por experiencia que no siempre todo terminará necesariamente con un «y vivieron felices para siempre». Conocemos que hay momentos en los que la vida duele. Esto no es una realidad lejana para nadie.

Veo con un poco de alerta cómo hay una ola creciente de exitismo. Miles de supuestas formas de llegar al éxito se exponen cada día, lo que me alarma es que en su gran mayoría están ligadas profundamente al humanismo y además, parecen ser utópicas. La cultura exitista promueve al hombre como el centro de su propia realización pretendiendo desplazar a Dios como eje central y único autor de la plenitud verdadera y además, en muchos casos, añadiendo el elemento del mínimo esfuerzo. Esta cultura te dice: «Sigue adelante. Tú puedes. Tú lo vas a lograr». Por mi parte, yo te digo lo mismo, aunque le añado primero: «Con Dios y si Él así lo quiere».

El hombre es un ser integral, espíritu, alma y cuerpo, por lo tanto necesita atención y crecimiento en cada una de estas áreas. Dejar a Dios fuera de la ecuación es dejar fuera la parte más importante de esta. Además, debemos tener bien claro que no somos ni seremos todopoderosos. Como seres humanos siempre tendremos barreras y límites. Esto es normal y en cierta ocasión el mismo apóstol Pablo tuvo que reconocer que tenía limitaciones con propósito: «él [Jesús] me dijo: "Te basta con mi gracia, pues mi poder se perfecciona en la debilidad"» (2 Corintios 12.9, NVI). Pero más allá del tema del exitismo, sí creo que de forma personal todos tenemos ciertas barreras que definitivamente podemos y tenemos que superar. Creo en alcanzar la realización y el éxito, pero no puedo dejar de mencionar la importancia de que tengamos cuidado con comprar ideas y conceptos que solo nos conducirán a la frustración y decepción.

Se necesita mucho coraje para romper o sobrepasar esas cosas que se oponen a nosotros y tratan de detenernos. Frente a esta clase de desafíos (limitaciones, retos personales, adversidad y otros), las personas podemos experimentar diferentes sentimientos y maneras de interpretarlos. Te recomiendo que sea importante revisar de qué manera percibimos los hechos difíciles de la vida y si el resultado de dicha revisión no incluye de ninguna manera la palabra «oportunidad», es tiempo de cambiar el enfoque. Tenemos más posibilidades que limitaciones y **una característica común en los líderes destacados es que son cristalizadores. Aprovechan cada circunstancia como una oportunidad.** Para Patrick Henry Hughes, él no es una persona discapacitada, sino un inspirador líder (así lo veo); es alguien que no se conformó ni se limitó por las circunstancias y los retos que tenía ante sí. Eligió tomar lo que le limitaba y convertirlo en su mayor fortaleza para inspiración de otros. Vemos su silla de ruedas y nos impacta, pero él sencillamente no puede verla y así la trata. Él cambió el enfoque.

Pareciera que le prestamos más atención a lo que no tenemos que a lo que sí tenemos. Enumeremos lo que tenemos: potencialidad, herramientas, oportunidades, aprendizaje, una vida, capacidad de desarrollo, relaciones, inteligencia y otras muchas cosas más. Probablemente mucho de lo que no hemos logrado aún radica en que necesitamos romper nuestras propias limitaciones, atrevernos a vencer el miedo. Cambiemos el enfoque, vivamos nuestro liderazgo, hagamos de lo no tan agradable algo productivo.

Lo más común es que ante las pruebas experimentemos temores e incertidumbre, surjan múltiples preguntas y, en casos extremos, hasta bloqueos paralizantes que nos llevarán a evadir el afrontar las circunstancias. Los líderes consiguen confianza para combatir dicha incertidumbre, encuentran las respuestas correctas a las preguntas que le inundan y son capaces de moverse en lugar de quedar paralizados.

La vida puede ser una emocionante aventura o un cúmulo de aburridos momentos, todo depende de cómo la asumamos. Experimentaremos todo según el enfoque que tengamos, por lo tanto es importante revisar nuestro enfoque y si es necesario ajustarlo. Solo así podremos asumir de la mejor manera los retos y las adversidades. Si no asumimos los retos no creceremos. No habrá cambios, nos estancaremos y nuestra vida, en todas sus esferas, empezará a decaer hasta marchitarse.

Algunas situaciones o retos pueden parecer muy atemorizantes, pero esto puede estar asociado al lugar desde donde los estamos viendo. Si estás parado al lado del temor y la desesperanza, indudablemente verás un enorme problema, pero si estás parado al lado de la fe y la oportunidad, estas las verás. Cambiemos el enfoque. El miedo puede venir a rodearte, tanto como la incertidumbre y el temor de no cumplir con las expectativas exigidas. El no saber si podrás ser lo bastante bueno puede atacarte en diferentes momentos en el camino de la vida. Mirar hacia adelante y parecerte que no hay salida. Todo esto y más se hará presente.

En los diferentes roles de vida que experimentamos estamos expuestos a la constante posibilidad de vernos retados. Pero si no se presentaran algunos retos, la vida sería monótona y aburrida. De manera natural, el corazón de la mayoría de las personas siempre quiere buscar nuevos horizontes de crecimiento y mejoría, pero al mismo tiempo la mayoría no se atreve a asumir retos por temor a la incomodidad. Esto genera una tensión por la incertidumbre de afrontar lo desconocido, el miedo al fracaso, la vergüenza y el deseo de superación y muchas otras cosas más. El asunto aquí es que solo viven su liderazgo los que se atreven a dar un paso más allá y asumen el reto de desafiar sus limitaciones.

Algunos elementos que pudieran limitarnos son:

1. La historia pasada: lo que has vivido hasta hoy pudiera hacerte pensar que todo va a ser igual en el futuro. Permíteme decirte que esto no es cierto. El hecho de que las cosas hayan sido de cierta manera antes no tiene por qué volver a ser así y eso está en tus manos. Los líderes toman el pasado para aprender de él y así cambiar su futuro. Hay tres elementos que deseo destacar:

Los miedos infundados: la mayoría de las cosas que tememos no llegan a ocurrir. Esto ha sido bastante cierto en mi vida. Son incontables las oportunidades en las que nos privamos de asumir cambios o atrevernos a ir más allá, solo porque creemos que algo «malo» pudiera suceder, es decir, por ser pesimistas. La mayoría de quienes piensan así se escuda en la prudencia, pero haciendo honor a la verdad todo lo que se tiene es miedo. Aunque el miedo en ocasiones nos ayuda como una alarma para que no seamos imprudentes, también a veces puede ser un terrible enemigo paralizador. Recuerda: ¡el miedo paraliza, la esperanza moviliza!

Las experiencias negativas: tal como todo ser humano, habrás intentado hacer algo que terminó mal y que hoy día no es un buen recuerdo. Quizá fracasaste en algún intento, pero esto no quiere decir que cada vez que asumas un nuevo reto va a ser así. ¡Gran cosa, te equivocaste! Bienvenido a la vida real, todos nos equivocamos. Tenemos que levantarnos, sacudirnos el polvo y seguir. No estás solo en la vida. Todos vivimos éxitos y fracasos. Lo valioso no es lo que nos pasa, sino lo que hacemos con lo que nos pasa. Recuerda: toma las experiencias negativas como escuelas de aprendizaje, no como cárceles para el estancamiento.

La tradición familiar o social: no tienes que conformarte con lo que tu familia o la sociedad te diga que puedes hacer. Tus límites están fijados por la determinación y acción que tengas para cambiar el futuro y asumir grandes retos. No tienes que vivir bajo los parámetros de lo que tu familia ha logrado hasta hoy. Debes darle gracias a Dios por la familia en la que naciste, lo que ellos han hecho por ti, pero también debes mirar las barreras que ellos han tenido y atreverte a superarlas. Los líderes sobresalen y para eso tienen que ser diferentes.

2. La sensación de incapacidad: al estar parados frente a retos, de forma automática buscamos saber si podremos asumirlos y responder ante ellos. La primera medida que revisamos es la de nuestras competencias o capacidades personales según sea el área en cuestión. Por ejemplo, ante una oferta de trabajo que representa mucha más demanda que la que tienes actualmente cualquier persona responsable considerará si en realidad podrá con esta nueva carga. Lo mismo ocurre en todas las áreas de la vida donde nos toca asumir retos. Lamentablemente algunas personas no tienen conciencia de que pueden y deben aprender y crecer, mejorar las maneras en las que hacen las cosas y adquirir nuevas habilidades. Han comprado la mentira de que no hay mucho más por hacer o aprender y como resultado caen en el conformismo. Al mismo tiempo, se les genera un gran problema ya que se les afecta la estima personal en un área que podemos reconocer como la eficacia personal, por lo tanto debemos trabajar al respecto para así tener una identidad saludable. Fuimos creados con un potencial, el cual puede y debe cultivarse y desarrollarse. Necesitas invertir mucho esfuerzo para desarrollar esas capacidades. Debes confrontar esa sensación de incapacidad con esfuerzos para crecer. Los líderes siempre encuentran mejores maneras de hacer las cosas.

Acción a tomar de inmediato: haz un plan de crecimiento y asúmelo como un compromiso.

3. El cansancio: al vivir momentos de agotamiento emocional, espiritual o mental vamos a estar en una posición muy comprometedora y vulnerable en lo que respecta a asumir nuevos retos. Nos encontraremos sin ánimo y sin fuerzas para iniciar con bríos las tareas o los proyectos necesarios que podrían conllevar dichos retos. Buscar el descanso y la paz personal es muy importante antes de rechazar o asumir oportunidades. En momentos de saturación mental o emocional pudiéramos tomar decisiones equivocadas.

Siempre recuerdo lo que un amigo me dijo: «Nunca tomes una decisión con hambre, sueño o rabia, porque casi seguro tomarás la equivocada». El corazón de lo que me transmitía era que no tomara una decisión cuando estamos en momentos de afectación interna, ya que no estaría viendo con claridad el panorama. En medio de la sociedad exitista de la cual hablé anteriormente se ha desarrollado y profesado una cultura de excesos en lo que respecta a trabajo. Un buen líder sabe reconocer los ritmos para hallar el equilibrio necesario entre trabajo y descaso. Sabe cuándo apartarse para respirar y así poder sostener el paso en el tiempo y tener la fortaleza suficiente para confrontar las batallas y retos de la forma más enérgica posible.

Por lo general, lo que va a suceder una vez que tomemos la decisión de vivir intencionalmente nuestro liderazgo es que el instinto nos empuje hacia la zona de comodidad y seguridad, y empiecen a surgir las excusas o razones válidas para dejar nuestra vida tal y como está. Necesitamos hacer una elección y mantenerla. Hay que tomar la determinación de transformar nuestra vida en una mejor versión con la ayuda de Dios, de manera tal que podamos ser mucho más influyentes, inspiradores y movilizadores.

¿Qué hacer frente a los grandes retos del camino?

Hubo un hombre llamado Josué quien enfrentó el reto de asumir el liderazgo de varios millones de personas y tener que tomar el lugar del gran líder que le había precedido en dicha tarea con mucho éxito. De forma natural Josué tenía miedo, y el consejo insistente y tajante que recibió de Dios fue «sé fuerte y valiente». Este aparece en el capítulo uno de Josué. Te invito a que leas todo el capítulo.

> Mi mandato es: «¡Sé fuerte y valiente! No tengas miedo
> ni te desanimes, porque el Señor tu Dios está contigo
> dondequiera que vayas» (Josué 1.9, NTV).

Vencer los retos no es opcional. Cuando Dios dice: «Mi mandato es», no está dándonos una sugerencia o pidiéndonos un favor. Esto es una orden y las órdenes son para cumplirlas. Si enfrentamos las limitaciones estaremos siendo obedientes, si no nos atrevemos a ir por más entonces estaremos siendo desobedientes. Tú escoges.

Si Dios tuvo que ser tan tajante con Josué respecto a la necesidad de que fuera valiente era porque él estaba experimentando temores. La solución frente al miedo de asumir retos es una sola y tiene dos elementos:

1. Esfuérzate: esto quiere decir llevar las fuerzas un poco más allá de los límites normales, ser osados y procurar más. Implica aplicar más presión de la común y procurar salir adelante con mucha energía. Los líderes no se quedan en el primer intento, sino que siguen empujando e intentando, llevan las iniciativas más allá, agotan las últimas causas y siguen adelante, aunque esto requiera de un esfuerzo descomunal.

2. Sé valiente: bien hemos escuchado o leído de múltiples autores que la valentía no es la ausencia de temor, sino la capacidad de actuar a pesar de este. A partir de hoy, cada vez que sientas que algo no anda bien, que te sientas incapaz, atemorizado, disminuido o afectado, recuerda: «Esfuérzate y sé valiente». Trae a tu mente qué es lo más importante en tu vida, cuáles cosas están dejando de suceder solo porque vives en temor.

Si tienes miedo al agua, busca el primer charco con agua y lánzate. Si tienes una gran idea y te da pena mostrarla, busca a tu esposa o a varios amigos y diles tu idea. Si te da pena hablar en público, párate en una plaza y conversa con la gente. Lo peor que podría pasar es que te miren extraño y sigan adelante. Ellos no estarán

La solución frente al miedo a los retos es: esfuérzate, sé valiente. ¡Vive tu liderazgo! La única manera de vencer los temores es enfrentándolos.

ganando nada, quizá se burlen, pero tú sí estarás ganando; estarás venciendo tus miedos y esto es una gran victoria. **Los líderes se atreven a hacer lo que más nadie hace para alcanzar lo que más nadie alcanza.**

Sin embargo, alguien pudiera decir: «Se escucha muy bien, pero... tengo problemas reales». Quiero decirte que lo entiendo y reconozco que el camino se puede poner realmente horrible y desesperanzador en muchos momentos. No obstante, te pido que cambies el enfoque y que busques el valor en el sufrimiento y los retos de tu vida, por medio de esto nos perfeccionamos y crecemos. La manera como manejamos la adversidad habla mucho sobre nuestra condición interior.

El valor en los momentos difíciles saca lo mejor y lo peor de nosotros y nos muestra nuestra verdadera condición. Aunque el momento o la etapa pueda ser desagradable podría tener un gran provecho. A menudo es por medio del dolor que obtenemos la experiencia y sabiduría que de otro modo no podríamos adquirir. La idea no es hacerle una apología al sufrimiento, solo que sepamos que el dolor, la adversidad y los tropiezos inesperados del camino son sencillamente un hecho de la vida, tenemos que aceptarlos y buscar la manera de sacar lo mejor de ellos.

Para muchos (quizá para ti, tal como lo ha sido a veces para mí) lo que tienen ante ellos no tiene ningún sentido y es sencillamente enorme. No pierdas la esperanza, puede que sea más grande que tú, pero no es más grande que Dios. Contrario a lo que se piensa, cuando estamos en adversidad Dios no nos ha abandonado, solo está permitiendo que vivamos ciertos procesos para que aprendamos algunas lecciones. «Cercano está Jehová a los quebrantados de corazón» (Salmos 34.18, RVR60).

Miremos el sufrimiento como un examen transitorio. La Biblia dice: «Y después de que ustedes hayan sufrido un poco de tiempo, Dios mismo, el Dios de toda gracia que los llamó a su gloria eterna en Cristo, los restaurará y los hará fuertes, firmes y estables» (1 Pedro 5.10, NVI). Tremendas promesas a los que logran atravesar el valle de lágrimas: restauración al ser hechos nuevos y mejores, fortaleza que les hará resistir más que antes y serán estables que indica firmeza e implica tener las condiciones para no caer muy fácilmente. No te desesperes. Fe, entre otras cosas, es no desesperar en la espera.

Un factor común que encuentro es que los líderes destacados siempre tienen una historia que contar y dicha historia siempre contiene al menos un episodio en el cual todo parece haber estado perdido, pero ellos siguieron luchando. No te pierdas las próximas páginas de tu historia por el momento difícil que vives hoy; no pierdas la esperanza.

Asumir retos es para grandes. Conquistan las grandes montañas solo los que se atreven a intentarlo con gran esfuerzo, determinación y mucha valentía. Cobra ánimo, aliéntate.

Decídete, desafía tus limitaciones y rompe lo que te tiene amarrado. Deja atrás el pasado y mira el futuro como una apasionante posibilidad. Esfuérzate y sé valiente.

Recuerdo haber visto en televisión varias piezas publicitarias de la marca Adidas con la consigna «Imposible es nada». Atletas de renombre han sido protagonistas de estas, entre ellos encontramos a David Beckham, Muhammad Ali, Lionel Messi, Kaka y varios otros. Me gusta mucho el guion de una de las piezas de dicha campaña, lo leí en un libro del doctor John C. Maxwell y quiero compartirlo contigo una vez más, dice así:

Imposible es una palabra que usan los hombres débiles para vivir fácilmente en el mundo que se les dio sin atreverse a explorar el poder que tienen para cambiarlo. Imposible no es un hecho, es una opinión.

Imposible no es una declaración, es un reto.

Imposible es potencial.

Imposible es temporal.

Imposible es nada.[4]

Los líderes ven la imposibilidad como una gran oportunidad de que lo increíble se haga realidad.

¡Esfuérzate! Sé valiente. ¡Vive tu liderazgo!

Capítulo 3

El liderazgo se vive y se construye cada día

«Así que no se preocupen por el mañana, porque el día de mañana traerá sus propias preocupaciones. Los problemas del día de hoy son suficientes por hoy».
—JESUCRISTO (MATEO 6.34, NTV)

Quiero hablarte de una historia muy impactante. Es la historia de alguien que tuvo el coraje de decidir en un momento crítico. Durante los Juegos Olímpicos de México, en el año 1968, se produjo el último lugar más recordado de la historia. Akhwari representaba a su país, Tanzania, en la categoría de maratón, es decir, 42K, pero él no había podido entrenarse de forma adecuada para aquella competencia y no estaba listo para la altitud de México. Todo esto le produjo algunas dificultades, entre ellas un fuerte calambre cuando iba por el kilómetro 19 de la carrera. En ese momento cayó contra el pavimento dislocándose la rodilla y golpeándose duro en el hombro. Todos creyeron que este sería el final para él y que se retiraría, pero por el contrario John Akhwari decidió que no sería así. Decidió seguir corriendo y terminó de último en la carrera. Habían empezado setenta y cinco y solo terminaron cincuenta y siete. Aunque estaba gravemente lesionado, logró llegar a la meta. El ganador, un etíope llamado Mamo Wolde, terminó la carrera en 2:20:56 mientras que Akhwari la concluyó en 3:25:27, aproximadamente una hora más tarde. Cuando el corredor tanzano llegó aún había espectadores, pero sobre todo personas de la prensa. Él había logrado captar la atención de los periodistas. Le preguntaron por qué había continuado, qué le había llevado a tomar la decisión de seguir avanzando comprometiendo su salud y poniendo en juego de manera definitiva su carrera deportiva. Frente a la increpación: «¿Por qué decidiste seguir?», la respuesta fue tan sorprendente que lo convirtió en un héroe para su país y en motivo de primeras páginas en muchos periódicos del mundo. Él explicó que su país no le había enviado a 5.000 millas a empezar una carrera, sino que lo habían enviado para terminarla. John Akhwari continuó corriendo mucho tiempo después en carreras maratónicas a nivel mundial, fue galardonado como héroe nacional en 1983 en su país, fue invitado especial a los Juegos Olímpicos de Sídney en el año 2000 y en el 2008 fue embajador de buena voluntad para los Juegos de Beijing. Todo esto son grandes honores que se dan a atletas que no solo se han destacado como deportistas, sino como personas. La decisión de Akhwari aquel día, marcó el resto de su vida y de hecho el de muchas personas.

Su ejemplo sirve como testimonio de valentía y como prueba de gran coraje.

Debemos tomar buenas decisiones hoy porque las decisiones de hoy son el ancla del futuro. Las decisiones que tomamos hoy van a construir la historia que tendremos que contar mañana. El mañana existe y podría llegar a ser muy malo si no sabemos vivir bien el hoy. Cada día tenemos el deber de tomar las resoluciones más sabias para así conducirnos hacia un buen mañana. Uno de los pilares fundamentales para tomar buenas decisiones es analizar y tratar de mirar hacia adelante para ver si el resultado de la elección que estamos tomando estará alineado con el futuro que deseamos. Por ejemplo, un deportista entiende que no debe involucrarse hoy en vicios como el alcohol o el tabaco, ni con estupefacientes o esteroides. Si hace esto terminará mal y no podrá cumplir con sus metas, es decir, su mañana no será el que sueña, sino otra cosa muy diferente.

La diferencia entre un ganador y un perdedor es que el ganador se prepara y compite día a día para eso: para ganar.

La diferencia entre un ganador y un perdedor es que el ganador se prepara y compite día a día para eso: para ganar. Se abstiene, por decisión propia y consciente de todas las cosas que le van a impedir llegar a la meta que se ha trazado.

Viven su liderazgo aquellos que reconocen el valor y el poder de las buenas decisiones y acciones diarias. Día a día tenemos que manejar con tres asuntos muy personales que engloban nuestra vida y que pesarán mucho sobre nuestro mañana. Tenemos que tomar decisiones sobre estos tres aspectos:

Actitud: varias veces en el día debemos decidir qué actitud tendremos frente a la gente y a las circunstancias.

Acciones: cada día tenemos que decidir de qué forma nos comportaremos.

Tiempo: cada día, cada semana, cada mes, cada año, tenemos que tomar decisiones respecto a cómo administraremos y usaremos nuestro tiempo.

Nuestras actitudes

La manera como actuamos ante las distintas circunstancias va a influir mucho en la forma como nos proyectamos hacia otros y esto tendrá un serio peso en nuestro liderazgo. Debemos cuidar nuestras reacciones y respuestas entendiendo que con ellas vamos a afectar positiva o negativamente nuestro entorno. Aunque no somos cien por ciento responsables por la forma cómo nos ve la gente, si somos cien por ciento responsables por el mensaje que le emitimos con nuestra vida.

Podemos tener una mejor actitud. Todo es cuestión de decisión. Si las circunstancias externas son adversas, no quiere decir que seamos reaccionarios, malhumorados, amargados u otra cosa semejante. Creo que un ejercicio importante que un líder debe realizar es el de la autoevaluación. Bien sea en la noche al final de la jornada o muy temprano al iniciar el día, debemos revisar qué actitudes hemos tenido y si han sido las más apropiadas para que nuestros días fueran satisfactorios. Aprender a conocernos, a reconocer nuestros sentimientos y de dónde provienen es de mucho provecho porque nos puede ayudar a tratar con ellos. También es valioso reconocer qué actitudes personales pueden ser nocivas, y una vez que las hemos descubierto tenemos que contrarrestarlas respondiendo de manera diferente. A fin de cuentas, tú eliges qué creer y de qué manera verás la vida. Somos responsables por nuestra actitud. ¿Sientes que durante los últimos seis meses has reaccionado de la mejor manera frente a las circunstancias y personas que se han presentado en tu vida?

¿Cómo estás manejando los momentos de tensión? Tales como la crítica, las diferencias de criterios, las situaciones incómodas recurrentes.

¿Puedes recordar a alguien que no conozcas que te haya hecho enojar? Tal vez alguien se te adelantó en una fila o hizo algo injusto. ¿Cómo reaccionaste?

La actitud es como el aroma de nuestra personalidad. Si es mala expedirá un olor podrido, pero si es buena será una esencia agradable.

Cuatro aspectos esenciales para mejorar la actitud

1. Cuida tu corazón

Nuestra condición interna se reflejará indefectiblemente en nuestra actitud. Si estamos amargados o enojados, los demás lo sabrán con toda seguridad. De igual manera si somos relajados, pacíficos y amigables, las personas también lo notarán. Simplemente nuestra actitud es el resultado del estado de nuestro corazón, así que debemos trabajar para que esté en las mejores condiciones posibles.

Había surgido una dificultad técnica en un generador de nuevo diseño en la planta Ford de Riber Rouge y sus ingenieros no eran capaces de resolverla. Entonces Henry Ford solicitó la ayuda del científico y matemático Charles Proteus Steinmetz. Cuando el científico llegó a la planta, rechazó toda asistencia, pidiendo solamente un cuaderno, un lápiz y un camastro. Durante dos días y dos noches vigiló el generador e hizo gran cantidad de cálculos. Luego solicitó una escalera, una cinta de medir y un trozo de tiza. Trepó laboriosamente por la escalera, realizó mediciones cuidadosas e hizo una marca con la tiza en un lateral del generador. Descendió y ordenó a su escéptica concurrencia que quitaran una placa del generador y eliminasen dieciséis espiras de la bobina a esa altura. Se hicieron las correcciones y el generador funcionó perfectamente. Más tarde, Ford recibió una factura por un monto de diez mil dólares firmada por Steinmetz.

Ford la devolvió agradeciéndole el buen trabajo realizado y pidiéndole respetuosamente una factura detallada. Steinmetz le envió una nota con la descripción del trabajo realizado:

- Hacer una marca con la tiza US$ 1,00.
- Saber dónde hacerla US$ 9.999,00.
- Total a pagar US$ 10.000,00.

Debemos cuidarnos. La orden es resguardar nuestro corazón de heridas, proteger nuestra vida emocional, y en esto tenemos gran responsabilidad. Es importante evitar exponernos a situaciones y relaciones que puedan llenarnos de lo malo, pero ante todo debemos vivir procesos terapéuticos y sanadores que nos permitan ser libres de todas las situaciones traumáticas que puedan estar limitando nuestra vida hasta el día de hoy. Lo que se nos pide hacer es que nos resguardemos de lo tóxico, lo nocivo, lo dañino y que lo desarraiguemos de nuestra vida, que luchemos por una vida llena paz. La gran verdad detrás de todo esto es que solo Dios sabe dónde debe hacer la «marca de tiza» y los cambios profundos que deben hacerse para que nuestro corazón esté en la mejor de las condiciones. Solo por medio de su presencia en nuestra vida podremos encontrar una profunda renovación y limpieza de nuestro corazón.

2. Ama la vida

Ojalá todos pudieran decir: «Qué bonito es estar vivo». Lamentablemente no todos piensan de esa manera. Para muchos estar vivos es más un problema que una bendición. En este momento solo Dios sabe cuántos están pensando acabar con sus vidas o están despreciando su existencia. Tristemente muchos están inundados con el dolor de heridas sin sanar y están llenos de resentimiento, agotamiento emocional, rabia, depresión, tristeza y derrotas. Reconozco que en ocasiones la vida puede parecer de todo menos bonita, pero todo empieza a cambiar con un poco de esperanza y fe. Quizá el camino de ahí a estar agradecido por la vida sea largo, pero es un trecho que vale la pena caminar.

Si no amamos la vida, la misma se convertirá en una carga pesada de llevar. No podemos ser tan ingenuos como para creer que exista alguna posibilidad de ser felices si no amamos la vida. Siendo infeliz, ¿qué clase de actitud crees que tendremos frente a todo?

La vida es un maravilloso regalo y una oportunidad única para ser felices al mismo tiempo que ayudamos a otros a serlo también.

«El que quiere amar la vida y ver días buenos, refrene su lengua de mal y sus labios no hablen engaño; apártese del mal, y haga el bien; busque la paz y sígala» (1 Pedro 3.10–11, RVR60).

Quien ama la vida cuida su corazón y lo limpia de pensamientos e ideas nocivos y dañinos. Jesús dijo que de la abundancia del corazón habla la boca, por lo tanto si hablamos lo malo (ofensas, chismes, mentiras, críticas destructivas, etc.) es porque aún tenemos limpieza por hacer. Debemos apartarnos de ellos, así que el asunto es limpiar o renovar el corazón. Además, quien ama la vida se aparta de las malas acciones, actúa en pro del bien y la bondad y pone todos sus esfuerzos para vivir en paz.

Amar la vida no debería estar condicionado a haber tenido un pasado perfecto, nunca haber fallado o que no te hayan fallado a ti de alguna manera, ni tampoco implica tener un futuro impecable en el que nunca fallemos y nunca nadie nos falle. Seamos realistas. Esto es una posibilidad de la que nadie escapa. Debemos procurar la redención de las faltas cometidas en el pasado y buscar la sabiduría para tomar las mejores decisiones que nos ayuden a no arruinar el futuro. Al tener una mala perspectiva del pasado y una expectativa pesimista del futuro, será muy difícil vivir bien el presente y por lo tanto será muy difícil amar la vida.

Ama la vida que tienes hoy, sé capaz de desafiar los sentimientos contrarios y regálale una sonrisa al cielo.

3. Valora a las personas

Cuando valoramos algo lo cuidamos. Cuando algo es importante para ti lo resguardas. Tengo una correa muy vieja que está fea y destruida. Es horrible a los ojos de los demás. Cuando mi familia me la han visto me han dicho: «Bota esa correa a la basura. Está inservible». Lo que no saben es que ella es un regalo que me dio mi papá en uno de los últimos viajes que hicimos juntos. De modo que la correa, en el aspecto material, no sirve para nada, pero en lo sentimental sí. Es muy valiosa porque me trae gratos recuerdos de un buen momento de mi vida familiar, por esto cuido mi correa y la tengo guardada. De igual manera debemos ser con las personas, valorarlas y ver lo mejor de ellas. Lo más fácil es ver los aspectos negativos de los demás, pero hagamos un esfuerzo adicional para ver sus virtudes y valorarlos por ellas. Quizá en algunos no sean las cosas más evidentes, pero en algún lugar están.

Sobre todo en lo que estamos hablando del liderazgo del día a día, hemos de saber que las personas con las que pasamos más tiempo son precisamente con las que tendemos a tener más dificultades relacionales dado el roce continuo (familia, compañeros de trabajo, etc.), así que debemos esforzarnos diariamente en este sentido porque ahí, en algún lugar, están sus cualidades buenas y no podemos perderlas de vista. No permitas que los defectos o errores de las personas te hagan olvidar sus virtudes. Para mostrarle a una persona que la valoramos debemos hablarle de la manera correcta (con respeto, dignidad y ánimo) y actuar adecuadamente hacia ella (servirle y apoyarla). Las personas están en lo más alto en la escala de importancia para un líder. Las relaciones son un componente central en el desarrollo de nuestra vida. No podremos ser felices y mucho menos tener buena actitud si rechazamos, odiamos, despreciamos o desvaloramos a las personas. Por lo tanto, debemos animarnos a ver a las personas de la mejor manera posible.

En Proverbios 27.17 se afirma: «El hierro se afila con el hierro, y el hombre en el trato con el hombre» (NVI). Las personas nos ayudarán a crecer. Ellas son lo más valioso que un líder puede tener. ¿Si alguien no valora a las personas cómo las tratará? Obviamente su actitud no será la mejor hacia otros y eso incidirá negativamente en su liderazgo.

4. Toma las circunstancias difíciles como oportunidades

Aunque parezca muy difícil o para algunos una locura, es posible procurar sacar el mejor provecho de cada circunstancia, incluso de las que son difíciles o dolorosas. En todo momento tenemos la opción de tratar de obtener lo mejor, todo dependerá de lo que hagamos con lo que nos está sucediendo. No podemos controlar las circunstancias externas, pero sí la posición que tomamos ante ellas. Los momentos difíciles van a servir para destruirte o para purificarte tal como sucede con el oro «aunque perecedero, se acrisola al fuego. Así también la fe de ustedes, que vale mucho más que el oro, al ser acrisolada por las pruebas demostrará que es digna de aprobación» (1 Pedro 1.7, NVI).

Los momentos difíciles pueden ser de mucho valor e importancia para nuestro desarrollo. Los líderes desarrollan la resiliencia necesaria para aprovechar la adversidad para aprender, crecer y purificar su corazón y actitud en medio de ella. Te invito a que tengas una perspectiva saludable de los momentos de dificultad. Estos no van a desaparecer. Mientras estemos vivos estaremos sujetos a períodos de adversidad. La clave es elegir verlos como grandes oportunidades de aprendizaje y crecimiento.

Nuestro tiempo

Todos tenemos exactamente la misma cantidad de minutos y segundos, la diferencia está en la decisión que tomemos respecto al uso que les demos. La manera como invertimos nuestro tiempo determinará la cantidad y la calidad de nuestro crecimiento. Si utilizas el día en cosas improductivas, que no te añadan valor o que no te equipen, sencillamente no vas a crecer tanto como alguien que sí lo haga. No creo que debamos ser grandes científicos para saber que, por ejemplo, alguien que diariamente tome tiempo para leer algún buen libro, ejercitarse, pasar tiempo de calidad con la familia, estudiar la Biblia y pasar tiempo con Dios va a crecer más integralmente y obtener mejores resultados que alguien que prefiera ver programas de televisión amarillistas, desatender a su familia, no leer en lo absoluto y no ejercitarse. Si no hacemos la inversión correcta de nuestro tiempo luego no preguntemos por qué otros parecen crecer más que nosotros.

El apóstol Pablo recomienda: «Aprovechando bien el tiempo, porque los días son malos» (Efesios 5.16, RVR60).

Aprovechar el tiempo quiere decir sacarle el máximo provecho, para ello debemos cuidar cautelosamente en qué estamos usando cada momento del día. Algo que debo acotar es que no se trata de trabajar todo el tiempo. Cada cosa tiene su momento y merece su oportunidad: Dios, el trabajo, la familia, la recreación y así sucesivamente, lo importante es que en cada espacio de nuestra agenda el fin sea saludable y no sea carente de razón. Recuerda que vivir el liderazgo se basa en una decisión diaria de calidad y en este caso, la decisión es usar bien el tiempo conforme al propósito de tu vida. También es importante no acelerarse. Hay que trabajar, pero paso a paso, hasta lograr los objetivos deseados.

¿Te ha pasado que sales temprano en la mañana, pasas el día ocupado y luego al final, cuando regresas a casa, sientes que no hiciste nada? En ocasiones podemos estar ocupados pero malgastando nuestro tiempo. No sé si lo has notado, pero no importa tu edad ni tu estatus socioeconómico ni la etapa de vida en la que estés: te estás poniendo más viejo cada día. No hay nada de malo en esto, pues es el proceso natural que Dios eligió y diseñó para los seres humanos. La Biblia dice que «corona de honra es la vejez» (Proverbios 16.31, RVR60). No hay nada inadecuado con esto. Lo que muchas veces sí hay de malo es lo que estamos haciendo en el trayecto hacia allá. Es increíble como el tiempo puede malgastarse y después al mirar hacia atrás vendrán los lamentos. Debemos tomar conciencia de que el tiempo no regresa jamás. Siempre se mueve hacia delante.

Debemos tomar conciencia de que no nos estamos haciendo más jóvenes. Un amigo dice que cada cumpleaños no es un año más de vida, sino uno menos que se va contando. De esta realidad no tenemos escapatoria: los días pasan, los minutos se van y ninguno regresa. Estos simplemente son una oportunidad única en la vida. No se van a repetir y de ninguna manera podemos lograr que vuelvan a estar presentes. Cada momento que transcurre es una preciosa oportunidad.

Recuerda: hoy es el mañana que tanto quisiste tener ayer, así que aprovéchalo bien.

Nuestras acciones

Más allá de tus deseos, son tus acciones diarias las que te llevarán a la meta.

Tú estás aquí para terminar algo, no para empezarlo. No es una actitud adecuada en un líder el desertar, pero tampoco lo es involucrarse en cosas que no le serán de provecho, sino que servirán para dejarle quebrantado y en vergüenza. Vive su liderazgo alguien que, aunque tenga tropiezos, equivocaciones o faltas, se atreve a seguir adelante con todo empeño construyendo lo que alguna vez empezó. Decide una ruta a seguir y ve, haz lo que tengas que hacer, ¡pero hazlo ya!

Te voy a contar algo muy entre nosotros. Si supieras la cantidad de cosas que yo empecé en el pasado y dejé sin terminar te escandalizarías. Tomé clases de piano, de guitarra; hice natación, tenis, béisbol y karate. Traté de inscribirme para ser contador (y soy pésimo con los números) y ni me gustaba, pero quería hacer algo. Sabe Dios cuántas cosas más que ya no recuerdo, aunque es obvio que no he sido así en todo. También me dediqué a estudiar y prepararme profesionalmente y personalmente en cosas que sí me gustaban y para las que tenía talento, y he obtenido diversos logros, pero el punto es que debo reconocer que malgasté tiempo y recursos en cosas que no sirvieron para nada. Ciertamente algunas dieron buenos frutos durante un tiempo y fueron ciclos que de forma natural se cerraron, pero otras simplemente las abandoné. Fueron tiempo y dinero valiosos mal invertidos, desperdiciados.

Con toda sinceridad, en varios aspectos no entendía la importancia y profundidad del valor de la responsabilidad, el compromiso y el sentido de futuro. Me tocó aprender que lo que se empieza es para terminarlo, porque todo está conectado con un proyecto de vida, no para dejarlo por la mitad cuando me fastidie o cuando las cosas ya no sean tan sencillas como al comienzo. Esta lección vino a mi vida de la manera difícil. He tenido que luchar muy duro contra hábitos que van en detrimento de la excelencia. Lo he visto después de desperdiciar grandes y buenas oportunidades, y afectar relaciones importantes. He vivido un tiempo de reflexión y arrepentimiento por no haber sido perseverante en algunas cosas y por sabotearme a mí mismo siendo el responsable de no haber cristalizado momentos de oro por falta de tenacidad. Gracias a Dios he encontrado nuevos hábitos e implementado cambios profundos. Al haber aprendido de la experiencia me atrevo a compartirles algo que sé en carne propia que es crítico en el desarrollo del liderazgo personal. Aún cada día tengo que estar atento a esto y mantenerme al pendiente ante este punto porque de lo contrario podría pifiar. Al final del día todos tenemos algo contra lo cual luchar, algo en lo que tenemos que trabajar duro, algún asunto que ha sido el reto que debemos vencer y si no tomamos la decisión de ir, hacerlo, avanzar y vencerlo, finalmente terminará venciéndonos y hundiendo nuestro liderazgo.

Algunas verdades respecto a nuestras acciones

«Supongamos que alguno de ustedes quiere construir una torre. ¿Acaso no se sienta primero a calcular el costo, para ver si tiene suficiente dinero para terminarla? Si echa los cimientos y no puede terminarla, todos los que la vean comenzarán a burlarse de él, y dirán: "Este hombre

ya no pudo terminar lo que comenzó a construir"» (Lucas
14.28–30, NVI).

Todos deseamos construir algo, pero no todos lo alcanzamos

Todos tenemos metas, aspiraciones y deseos. En cada persona esto toma forma de una manera diferente, pero lo cierto es
que de alguna manera los tenemos. Cada acción que tomamos
debería estar atada a eso que deseamos alcanzar y coordinadas
hacia ese fin. No esfuerzos aislados que no nos llevarán hacia
ninguna concreción. Vivir con propósito y saber exactamente qué deseamos construir o alcanzar nos llevarán a que cada
decisión y acción diaria que emprendamos sean como un ladrillo que le agregamos a dicha construcción. Por el contrario, si
lo ignoramos, cada decisión y acción que tomemos serán como
un ladrillo lanzado al azar en un terreno baldío. Estaremos api-
lando bloques sin sentido y jamás construiremos nada. Los buenos líderes tienen idea clara de lo que desean lograr y hacen lo
mejor para alcanzarlo.

¿Qué tipo de acción debes tomar?

Acciones con un propósito claro: debes definir con claridad cuál
es el propósito o la razón de las acciones que estás tomando.

Acciones llenas de excelencia: lo que vayas a hacer, hazlo de
la mejor manera posible.

Debemos evaluar, planificar y presupuestar

Además de saber qué deseamos construir, es decir, hacia dónde vamos, no es menos importante averiguar cómo planeamos
llegar allá. Esto hará que no nos quedemos en medio del camino, perdidos o avergonzados. Es de mucho valor saber si estamos

dispuestos a pagar el precio que se tenga que pagar para alcanzar lo que deseamos alcanzar. Puede tratarse de ahorrar, de tomar alguna decisión difícil, de un cambio de ciudad, no lo sé, pero lo que sí sé por experiencia propia, por la experiencia de hombres que han compartido su vida y por lo que vemos en la Biblia, es que todo lo grande tiene un precio y un sacrificio que se debe hacer para lograrlo. Pero no sabremos cuál es ese precio si no hemos evaluado, planificado y pensado lo que tenemos por delante. Entre otras cosas, los líderes se caracterizan por marcar la ruta que van a seguir, desarrollan una estrategia y saben generar y administrar bien los recursos para que dicha estrategia pueda ser ejecutada de manera exitosa. Hoy es el momento de pensar en mañana.

¿Qué tipo de acción debes tomar?

Acciones planificadas estratégicamente: no solo se trata de tener un plan, sino que debe ser el mejor plan estratégico para cristalizar lo deseado. Cada acción debe ser el eslabón de una cadena.

Acciones prudentes: está bien soñar, tener fe y creer en grande, pero no es menos tener la prudencia necesaria para visualizar con claridad las cosas y usar el sentido común. La fe no es contraria a la sensatez.

La idea no es empezar, es terminar y para esto necesitamos actuar

Mejor que un buen comienzo es un buen final. Si no terminamos lo que empezamos, en el mejor de los casos, quienes vengan detrás tendrán que «arreglar nuestro desastre» o culminar nuestra obra inconclusa. En el común de los casos, solo contemplarán las ruinas inconclusas de lo que alguna vez se inició. Asumamos responsabilidad por un proyecto de vida, familiar, espiritual, personal, y caminemos hacia su culminación.

¿Qué tipo de acción debes tomar?

Acciones comprometidas: haz hoy lo que tengas que hacer, cuando tengas que hacerlo y podrás hacer mañana lo que quieras hacer, cuando quieras hacerlo.

Un líder no hace las cosas que le provocan, hace lo que tiene que hacer, cuando tiene que hacerlo. Quien vive su liderazgo está lo bastante claro y fortalecido en su sentido de propósito y valía personal como para no dejarse derrumbar por emociones, situaciones o ideas que quieran desviarle del propósito. La actitud de alguien que vive liderando es: «Cuando tengo que hacerlo, lo hago». Esto va a garantizar mucho del éxito de las acciones del día a día como constructoras de un buen mañana. La palabra favorita de quienes alcanzan metas que parecen imposibles es compromiso. Compromiso es acción. Ya no digas más «quiero» ser una mejor persona, «quiero» ahorrar, «quiero» estudiar. Ya basta de «quiero», ve y hazlo.

No esperes pasivamente que llegue mañana, construye y vive cada día. ¡Vive tu liderazgo!

El liderazgo genuino:
una condición del corazón

El liderazgo es una condición del corazón. Si funciona bien adentro funcionará bien afuera.

Hay personas que definitivamente marcan nuestras vidas con sus historias y testimonios. Tengo varios casos así, personas de las cuales he aprendido las lecciones importantes de la vida. La primera vez que vi a Juan Vereecken en persona eso fue lo que sucedió. Hace ya unos cuantos años viajé a la ciudad de Barquisimeto, a unas cuatro horas de Maracaibo, donde vivo, a un seminario llamado Liderazgo 360 grados. Juan estaba enseñando junto a Roberto Bautista, gran amigo y mentor en mi vida.

Nunca había escuchado a Juan en ningún entrenamiento ni tampoco conocía mucho de su historia personal. Durante aquel día mientras él enseñaba se tomó un tiempo para abrir su corazón. Fue franco y directo, nos narró sobre una situación muy particular en su familia, habló sobre su tercer hijo Timmy, ese momento fue de profundo impacto. Quiero que leas de su misma mano la historia que yo escuché aquel día, la misma está contenida en su libro *Corazón de campeón*:

Como lo he mencionado anteriormente, mi esposa y yo tenemos más de veintiún años de casados y tenemos cuatro hijos. Primero nació Juliana, después Susana, y luego Timoteo... ¡por fin un varón! Yo estaba muy emocionado y como todo buen papá cuando le nace un varón, empecé a planear todo lo que iba a poder hacer con él, como jugar a las luchas, enseñarle a cazar venados, jugar a la pelota... estaba muy ilusionado porque por fin iba a tener alguien con quien hacer todo eso que tanto me gusta. [...]

Pasó el tiempo, y Timoteo cumplió cinco meses. En ese entonces estábamos viviendo en la ciudad de Guadalajara. Era un día ordinario, yo salí temprano a trabajar y como a las 9 de la mañana recibí una llamada telefónica en la que me dijeron: «Juan, vete al hospital inmediatamente porque Timmy está grave, Karla lo acaba de llevar allá». Cuando llegué me encontré a Karla en un pasillo, declarando la Palabra de Dios. Le pregunté qué pasaba. Me dijo que Timoteo estaba muy mal, que lo encontró inconsciente en la cuna, teniendo repetidas convulsiones. No entendíamos qué estaba sucediendo. En ese hospital no pudieron hacer gran cosa, así que tuvimos que volar con él a la ciudad de Chicago, para que lo atendieran en un hospital especial para niños. Estuvimos ahí siete días, en los que lograron estabilizar los síntomas de Timmy. Días después tuvimos una junta con varios médicos, incluyendo entre ellos a un psicólogo, y nos explicaron lo siguiente: «Su hijo tuvo una enfermedad llamada encefalitis, es un virus que ataca el cerebro causándole inflamación y provocando la muerte de las partes inflamadas. Desgraciadamente, Timoteo perdió gran parte de sus funciones cerebrales. Nunca va a ver, no va a caminar, no les va a reconocer. También necesitan saber que va a tener un temperamento muy agresivo y va a afectar tremendamente su vida familiar. Las estadísticas de divorcio en casos como este son como del 95%. Sus otros hijos tendrán que enfrentar problemas psicológicos por lo estresante de la situación...» etc., etc.

Y por si eso fuera poco, para finalizar, nos recomendaron que internáramos a Timmy en un hospital especial y nos olvidáramos de la idea de que viviera con nosotros. Después de esto, nos entregaron a nuestro bebé y con él, un montón de cuentas que teníamos que pagar.

Y dicho, y hecho. Timoteo gritaba las 24 horas del día. Teníamos que darle gotas para que se durmiera y Karla y yo nos turnábamos para descansar. Estábamos atravesando los tiempos más difíciles de nuestra vida. Yo tenía serios conflictos en mi corazón. No estábamos en el país a donde Dios nos había llamado y ahora nuestro hijo se había convertido (según yo) en una «maldición» para nuestras vidas. Todo estaba fuera de control y mi vida era un desastre.

Karla y yo empezamos a tener fricciones por el cansancio y no sabíamos qué hacer. Éramos dos muchachos con dos hijas y un bebé enfermo. Después de uno o dos meses, había aumentado la presión, la agresividad entre nosotros y el cansancio así que... nuestro matrimonio iba directo al pronóstico que los médicos nos habían dado.

Yo quiero confesarte que en ese tiempo yo tenía resentimiento contra mi hijo. Y yo veía a Karla, que tomaba a Timoteo, lo abrazaba y lo amaba, y no me podía explicar cómo era posible que ella pudiera hacer eso. Yo todavía era un hombre bastante duro, sin embargo, Dios comenzó a obrar en mi vida por medio de eso que estábamos viviendo. Hubo muchas veces en las que pensamos que lo más fácil era «tirar la toalla» y seguir cada quien por su camino.

Un día, en medio de esos tiempos sumamente difíciles, salí de la casa y me fui a un campo grande, lleno de nieve. Me tiré de espaldas y miré al cielo y empecé a gritarle al Señor: «Si tú quieres que regrese a México, vas a tener que hacer un milagro. Tú haces el milagro de sanar a Timoteo y nosotros nos regresamos a dar testimonio». Lo que yo estaba haciendo era tratar de «torcerle el brazo» a Dios, diciéndole lo que tenía que hacer. El Señor me habló y esto fue lo que me dijo: «No Juan, tú eres el que necesita el milagro, eres muy duro y estás a punto de rendirte por una circunstancia que vino a tu vida».

El Señor comenzó a mostrarme cosas y hasta ese momento pude darme cuenta de mi condición y ese día yo me arrepentí y comenzó un proceso de cambio en mi vida. No te puedo decir que ese día cambió todo, pero sí que ese día comenzó un cambio.

Yo regresé diferente. Le dije a mi esposa: «Karla, no nos vamos a divorciar, vamos a tener un buen matrimonio. Nuestros hijos no van a tener problemas psicológicos, van a ser normales; amarán a Dios y lo servirán. Y desde este momento vamos a comenzar a hacer algo para crecer, para enriquecer nuestras vidas. Tendremos a Timoteo con nosotros durante toda su vida y vamos a creerle a Dios por un milagro creativo, y desde ahora, hasta que llegue... ¡Vamos a vivir felices!»

Desde ese día comenzamos una nueva etapa en nuestra vida. Empezamos a vivir de manera diferente. No te puedo decir que cada día hemos vivido algo glorioso, pero esto sí te puedo asegurar: yo he visto a Karla cargar en sus brazos y amar en todo tiempo a nuestro hijito Timmy... ¡por dieciséis años! Constantemente, no importa si está sano o enfermo, ella está al pendiente de él. Nosotros no tenemos una vida familiar como las demás familias. No podemos hacer ciertas cosas que otras familias hacen sin siquiera pensar, cosas tan comunes como ir todos a un restaurante, Timoteo nunca va. Él y yo jugamos diferente, hasta tenemos nuestro propio idioma, es algo muy especial para mí. Yo ya he cambiado, ahora puedo ver lo maravilloso que es nuestro hijo. Y si me conoces personalmente, te darás cuenta de que soy medio gritón, pero ¡es porque a Timmy le gusta!

Cuando llego a la casa, él casi siempre está ahí, en su silla de ruedas, comiendo con su mesa frente a él. Y lo primero que hago es gritarle... ¡Ey! y Timo se emociona y comienza a sacudir su cabeza, vuelan comida y saliva por todos lados; si tú lo ves, tal vez dirías ¡qué desastre! Pero yo lo veo y digo... ¡ese es mi hijo!

No puedo decirte que hemos visto el milagro creativo por el que hemos estado creyendo, pero ha habido avances y pequeños milagros.

Karla y yo, lejos de estar divorciados, estamos más felices y enamorados que nunca. Si tú conocieras a mis hijos, te darías cuenta de que no tienen problemas

psicológicos ¡Estamos más felices que nunca! Y yo tengo
que atribuirle esto a un gran Dios y a una mujer que está
comprometida con Él por sobre todas las cosas. Karla
me ha enseñado tanto a través de su amor genuino hacia
todos.[1]

Aquel día aprendí y afirmé muchos principios de liderazgo,
pero en el momento cuando dije: «Esto pagó el viaje», fue cuando
Juan contó su historia personal. Lo que más me impactó aquel
día fue la manera como él hablaba con tanto amor, dedicación y
entrega por su hijo. Por la manera como describía a Timmy, realmente se notaba la relación especial que tenía con él. Esto solo
puede salir de un corazón transformado. Claro está, también los
conozco de forma personal, y ellos como familia han bendecido
a muchísimas personas. Han emprendido y liderado grandes proyectos que han tenido profundo impacto en el liderazgo y la vida
de, literalmente, cientos de miles de personas en Latinoamérica.
Desde lo más profundo de mi corazón quiero agradecerles por
decidir seguir adelante en medio de la adversidad y por hacer
tanto por el liderazgo de nuestros países.

Después de conocer una historia como la de Juan y su familia, cómo no sentirte influenciado e inspirado. La forma más
pura, profunda y trascendente de influencia no se genera por lo
que hablamos o hacemos, sino por lo que somos y la manera
como nos conducimos a causa de ello. La manera de vivir de un
líder está arraigada en sus más profundas convicciones y condiciones internas.

Uno de los grandes problemas que ha generado el paradigma que se ha propagado sobre el liderazgo es precisamente que
está asociado con asuntos externos. Se dice comúnmente que el
líder es el que es carismático, es decir, simpático, o que líder es
el que tiene gente a su cargo, o alcanza logros exorbitantes en

campos profesionales o en asuntos de bienes materiales. Esto nos ha llevado a equivocarnos en el acercamiento hacia la idea del liderazgo.

Puedes hablar bien, motivar a otros o estimular sus emociones. Puedes hacer las cosas bien y lograr algunos resultados. Pero al final tu esencia, la condición más profunda de tu corazón, te guiará a ti y no puedes conducir a las persona a un lugar donde tú no vas. Un corazón atemorizado liderará desde el miedo. Un corazón resentido liderará desde el rencor. Un corazón herido movilizará a otros desde el dolor. Si el punto de partida es malo, difícilmente el destino será bueno.

Ya sea tu corazón, el mío o el de cualquiera, jugará artimañas y engañará. El corazón puede hacernos creer que estamos bien cuando no es así, ocultará cosas, se justificará a sí mismo y hará lo necesario para no ser desenmascarado. En la película *The Devil's Advocate* [*El abogado del diablo*], el joven litigante cree haber vencido el mal.

El liderazgo es una condición del corazón. Si funciona bien adentro, funcionará bien afuera.

La última escena es impactante. Recordamos al actor Al Pacino, quien representaba el mal, diciendo: «Vanidad, mi pecado favorito».[2] Esto es una muy buena ilustración para entender el asunto. Cuando el protagonista creía que ya todo estaba bien, en realidad no era así. La vanidad en el corazón lo había engañado una vez más.

La condición de tu corazón establecerá quién eres y esto determinará la calidad de tu liderazgo. Jesús dijo: «El que es bueno, de la bondad que atesora en el corazón produce el bien; pero el que es malo, de su maldad produce el mal» (Lucas 6.45, NVI).

Nuestro corazón es la materia prima y de él depende la clase de liderazgo que ejerceremos en otros. El que esté lleno de cosas como heridas, daño, rencor, malos hábitos, inmoralidad, corrupción, amargura y otras parecidas, eso es lo que podrá dar. No hay forma ni manera de entregar algo que no se tiene. Por más que se trate de hacer las cosas de la mejor manera, eso que está profundamente arraigado es lo que determinará las decisiones y obligará a tomar ciertas acciones. En lugar de esto, si tienes un corazón limpio, amable, libre de resentimiento, perdonador y sano, eso es lo que le darás a otro, influirá de manera positiva y te hará vivir un liderazgo bueno, genuino, duradero y transcendental.

El liderazgo, en su expresión más alta, es una condición del corazón. Si funciona bien adentro, funcionará bien afuera. Por lo tanto, el que pretenda liderar en su máxima condición debe reducirse a sí mismo a la mínima expresión. Solo la mano de Dios puesta sobre nuestro corazón puede hacer que sea renovado, cambiado y purificado. Reducirse a la mínima expresión significa someter plenamente nuestra vida a Jesucristo y procurar cada día ser más como Él en conducta y carácter.

Tenemos que aprender a sacar la basura de nuestra vida cada día. Un buen día me dio por hacer un experimento. Agarré varios huevos y los rompí, les agregué varios condimentos, arena y otras cosas, y todo lo metí en una bolsa que luego enterré por varios días. Al pasar el tiempo decidí sacar la bolsa. Ya sabía que aquello olería horrible. Solo imagina el hedor de huevos podridos, con otras varias cosas que se podían descomponer enterrados en arena húmeda. Tomé esa bolsa y me fui muy, pero que muy temprano a mi colegio y lancé el preparado por una ventana. El resultado del experimento fue que ni en mi salón de clases ni en los salones vecinos se pudo dar clases por varias horas porque el olor era increíblemente insoportable. Pido disculpas públicas y hago tratado de paz.

Así sucede en nuestra vida. Si no sacamos la basura se convierte en esas cosas que vamos acumulando, que quizá al enterrarlas no estaban podridas, pero que se van descomponiendo con el tiempo y pudrirán nuestro corazón, actitud, nuestras acciones. «De su maldad produce el mal», se producirán muchas cosas que dañarán nuestra propia vida y relaciones.

Un corazón que está sano es uno que ha crecido, madurado y perdonado. En el transcurso de la vida hay sucesos que tendrás que perdonar, áreas en las que debes madurar y aspectos en los que necesitas crecer. Todo lo que no perdones se convertirá en una raíz de amargura que condicionará tu conducta, se enterrará profundamente en ti, te corromperá y amargará tu vida. Sé que hay cosas que son sumamente difíciles de perdonar, pero si no perdonas el más afectado serás tú mismo. Hay personas que nos hacen profundos daños, grandes traiciones y, sin embargo, podemos pasar por muchos malos momentos sin dañarnos. Me gusta una frase que escuché una vez: «Las garzas viven en pantanos, pero nunca se ensucian su plumaje». Al albergar esa falta de perdón, ese rencor se convierte en veneno para uno mismo, por lo tanto decidamos ser libres. Dar y recibir perdón es lo que logra la paz personal respecto a las experiencias pasadas.

Debemos madurar. Pablo dijo: «Cuando yo era niño, hablaba como niño, pensaba como niño, razonaba como niño; cuando llegué a ser adulto, dejé atrás las cosas de niño» (1 Corintios 13.11, NVI). Pienso que la madurez se refiere a vivir de acuerdo a la etapa de la vida en la que estás y ser capaz de hacerte cargo por ti mismo de manera responsable, con buen juicio, ser asertivo, tener prudencia y sensatez de tus decisiones. Los aspectos en los que debemos crecer pueden ser de tipo intelectual, emocional, profesional, relacional u otros. Todo esto conjugado te dará una buena condición interna. Sin embargo, todo lo anterior solo es realmente posible partiendo de una relación personal con Jesucristo.

Creo que eso bueno o malo del corazón que establece el fruto que produciremos está determinado por nuestro carácter. Este genera un patrón de pensamiento, comunicación y actuación. El carácter guiará y determinará las decisiones que rigen nuestra vida.

El carácter habla del conjunto de valores que rigen nuestra vida: nobleza, lealtad, disciplina propia, comprensión, ayudar a otros, perdonar, compartir, ser responsable, ser cortés, justo, honesto, amable, tener respeto propio, ser confiable. Estos valores son reconocidos como virtudes universales. Muchos saben que son cosas buenas, pero solo los que las tienen como convicciones las viven y, por lo tanto, son personas de carácter sólido. Vivir conforme a los principios de integridad de la Palabra de Dios es ser una persona de carácter. Pero esto no se logra de la noche a la mañana, requiere de un arduo proceso de cuidado, de corrección y de cambio.

Daniel 1.8 dice que «Daniel propuso en su corazón no contaminarse» (RVR60). A este hombre sus convicciones más profundas le decían que algo no estaba bien y decidió conducirse según lo que su integridad le indicaba. Él hizo una elección y avanzó conforme a ella. No tuvo temor de declarar sus principios, no se vendió, ni puso en juego lo que creía. Daniel no se doblegó bajo la presión que estaba experimentando, pudo sostener su posición sin amilanarse, lloriquear o ponerse siquiera nervioso. Daniel decidió hacer lo correcto y así lo hizo.

Nuestro carácter es de lo que estamos hechos interiormente. Tiene que ver con nuestra complexión y fortaleza interior. El carácter habla de nuestra pureza, ética e integridad. Sobre él recae nuestra capacidad de saber y hacer lo que es correcto, y afrontar los diferentes escenarios de la vida, sean fáciles o difíciles. Un carácter sólido y fundamentado en Dios es lo que nos ayudará a no tomar caminos equivocados o a devolvernos si ya hemos tomado uno de estos. Existe la gran probabilidad de que la mayoría de los que lean este libro puedan reconocer (como yo) que en sus vidas, en algún momento, han cometido grandes equivocaciones o tomado algunas malas decisiones. Seguramente te han herido y has herido a otros. Ser una persona de carácter no es jamás haberse equivocado; es ser capaz de arrepentirse, levantarse, recuperarse, aprender y resarcir en cuanto sea posible y seguir adelante. El asunto no es que no te equivoques, es que la equivocación no te quiebre. Perdona a otros, pide perdón y perdónate a ti mismo por los errores cometidos, y aprende a no cometerlos más. De aquí en adelante decide reconsiderar tu vida y tus caminos a base del carácter robusto que se construye por medio de los principios de Dios para la vida. Encomiéndate a Él y condúcete conforme a lo que es correcto.

Superar las brechas del carácter no es algo sencillo, pero sí es posible. Es necesario que reconozcas que todas las personas tenemos limitaciones y que mediante procesos de crecimiento, restauración y cambio, podemos mejorar. Algunas breves recomendaciones son:

1. Identifica tus brechas del carácter.
2. Hazte las preguntas difíciles: ¿de dónde vienen? ¿Qué problemas te han generado? ¿A quién has herido por esto?
3. Hazle a otros las preguntas difíciles: busca a alguien de tu confianza y pregúntale sobre estos asuntos en tu vida. Pídele que te amplíe en lo posible su perspectiva.
4. Toma las decisiones difíciles: los cambios que tendrás que hacer para mejorar en este sentido por lo general no serán sencillos, pueden ser muy incómodos, pero seguramente valdrán la pena.
5. Mantente en el camino y ve acompañado: muchas veces los cambios no se verán de forma inmediata

pero no te rindas, ni sientas vergüenza de ti mismo
por tu debilidad. Sigue intentándolo. Además, no es
lo mismo tratar de superarlo solo que ir con alguien
que te dé el ánimo y la corrección necesarios en el
momento justo.

Ser una persona de carácter empieza por una decisión y con-
tinúa con el respeto de esta decisión. Nuestra condición interna
hallará mejoría o fortalecimiento si somos humildes y reconoce-
mos aquellas áreas donde necesitamos cambiar, mejorar, sanar o
ser restaurados. Tanto la arrogancia, la soberbia y el autoengaño
son enemigos mortales de la salud del corazón de un líder.

La arrogancia destruirá todo lo que te ha costado tanto esfuerzo construir. Conversaba con un amigo, un presidente ejecutivo
de un gran grupo de empresas, él me hacía la observación de que
había hecho una gran inversión en publicidad y aún no veía los
resultados. Yo le comentaba que eso era un proceso y necesitaba
tiempo, de hecho le hice una pregunta: «¿Cuánto tiempo toma
construir una gran empresa?». Él me dijo que toma varios años.
Luego le pregunté: «¿Y cuánto tiempo podría tomar destruirla?».
En un gesto común en él, se quitó los lentes, se quedó pensando
y me respondió que solo semanas, quizá horas... tan solo una
mala decisión. Todo lo bueno, lo que vale la pena, toma tiempo,
esfuerzo y dedicación para desarrollarse, pero puede destruirse
en solo momentos.

La arrogancia te ayudará sin muchos esfuerzos a destruirlo
todo de manera rápida. Ella enceguece y lleva a tomar malas decisiones y por ende, a la ruina. Solo puede combatirse con humildad,
la cual es la mejor evidencia de una profunda riqueza interior.

La actitud común del que padece arrogancia es de soberbia.
Por lo general es presumido y jactancioso, se vanagloria y se
cree más de lo que es. Bien dice Proverbios 16.18: «El orgullo va

delante de la destrucción, y la arrogancia antes de la caída» (NTV).
Se te garantiza que si eres arrogante serás destruido. Somos los
únicos responsables en este sentido. Algunas manifestaciones de
la arrogancia incluyen:

- Creer saber de todo. Eso es arrogancia.
- Creer que a todos les interesa lo que piensas que
  sabes. Eso es arrogancia.
- Creer que la autoridad se otorga y no se gana. Eso es
  arrogancia.
- Creer que mereces privilegios o tratos distinguidos.
  Eso es arrogancia.
- Creer que todos tienen que escucharte y que tienes la
  última palabra. Eso es arrogancia.
- Creer que tus acciones siempre son las mejores o
  más correctas. Eso es arrogancia.
- Creer que tus consejos siempre deben ser tomados
  en cuenta. Eso es arrogancia.
- No dar a otras personas el lugar que les corresponde.
  Eso es arrogancia.
- Poner la culpa de todo en los demás porque tú lo
  hiciste bien y ellos no. Eso es arrogancia.
- Creer que otros tienen talentos, pero que tú tienes
  más. Eso es arrogancia.
- Creer que tienes derecho a exigencias no ganadas
  por méritos. Eso es arrogancia.
- Mirar a otros con desdén. Eso es arrogancia.
- Poner bajo escrutinio todas las ideas de quienes
  te rodean porque siempre tienes algo que decir o
  porque has pensado algo. Eso es arrogancia.
- Creer que hay una distancia más corta entre el cielo y
  tú que entre el cielo y los demás. Eso es arrogancia.

- Creer que Dios tiene que hacer lo que tú dices
  porque así lo quieres. Eso es arrogancia.

La humildad es el único antídoto que funciona en contra de la indeseable arrogancia. Si deseamos liderar mucho mejor de lo que lo hemos hecho hasta hoy necesitamos darle lugar en nuestros corazones a la poderosa humildad. Un líder humilde será seguro y sano interiormente. Será un líder que no necesita hacer alarde con sus palabras o actos de su posición porque tiene muy claro quién es y dónde está parado. No necesita andar demostrándoselo a nadie. Tiene una autoridad ganada por la condición de su corazón.

La humildad dispone el corazón para el servicio de otros. Es la base de un liderazgo ampliamente eficaz. El líder humilde está ocupado e interesado en las necesidades de quienes le rodean, es alguien capaz de manejar al más altivo y levantar al más débil mediante su sabiduría. La humildad le permitirá tener los oídos bien abiertos para escuchar y aceptar las ideas de otros o cuando menos respetarlas. Esto incluye las ideas, mandatos o instrucciones de Dios mismo. Aunque te parezca una locura, hay muchos que de cuando en cuando pretendemos hacernos oídos sordos a lo que Dios pide o indica y no solo por desobediencia, sino por soberbia, por querer hacer las cosas a nuestra manera. Afortunadamente Dios es sabio y nos ayuda a vivir procesos donde trabaja en nuestro corazón para refinarlo, cambiarlo y ayudarnos a ser más humildes y obedientes ante Él.

El humilde no se cree más, ni menos tampoco. Es un mito que el humilde es el que anda cabizbajo o en timidez. Otro mito es que los humildes son pobres económicamente. La humildad no es una condición del bolsillo, es una condición del corazón.

En Proverbios 27.2 se nos ordena: «No te jactes de ti mismo; que sean otros los que te alaben» (NVI).

Ser humilde teje relaciones poderosas a tu alrededor porque te gana la confiabilidad, lealtad y amistad de la gente, además ayuda en la construcción de un buen corazón. Te abre las puertas de la oportunidad para crecer y te permite hacer lugar para que puedas generar espacios para que otros crezcan. Una persona humilde nunca pondría sus propios intereses por encima del interés común del grupo u organización donde se encuentra, es alguien que está separado del egoísmo y por ende, será equilibrado en el momento de tomar decisiones que incluso no le beneficien de manera personal, poniendo siempre por encima el bien colectivo. Adicionalmente a esto, el humilde, al tener claro su lugar, mantendrá la «liga» en sus relaciones en el lugar correcto. Esta, si se tensa mucho, se rompe, si no se tensa se pone floja. El humilde se hace sabio y por lo tanto, sabe cómo conducirse.

Un ego hinchado puede ser muy peligroso. Bríndales a otros el valor y reconocimiento que merecen, acepta con humildad quien eres. La Biblia afirma: «Nadie tenga un concepto de sí más alto que el que debe tener, sino más bien piense de sí mismo con moderación» (Romanos 12.3, NVI). No debes pensar más de ti mismo, pero tampoco menos. Del mismo modo debes hacerlo respecto a otros, tener clara la posición, identidad y valor de cada quien.

El respeto y la honra que como líderes les otorguemos a otros es muy importante. Reconocer, considerar y apreciar el valor de la gente se debe traducir en respeto. Este no se brinda por el estado socioeconómico, cargo o posición que ostente alguien, se brinda respeto y honra a las personas por la sencilla razón de que son personas. Si esperas ser respetado, primero debes darles respeto a otros. El líder irrespetuoso ofende, se aprovecha, menosprecia o avergüenza a otros, esto va en contra de las buenas prácticas del liderazgo.

Cualquiera que pretenda vivir su liderazgo debe mostrar respeto y consideración hacia otros líderes. No pretendas liderar si antes no permites ser liderado por otros. La premisa es esta: para ser un buen líder, debes aprender a ser un excelente seguidor. Para dar la talla como líder, debes sobresalir en tu rol de seguidor. Un excelente seguidor le brinda honra, sujeción y respeto a otros líderes, acepta y toma con agrado la guía, el consejo o la exhortación de otros. El buen líder escucha a otros líderes y tiene profundo respeto y consideración por la autoridad. Esto no significa sujetarse a las disfuncionalidades psicológicas, deseos de grandeza, caprichos personales o ideas erradas de algunos, cosa que por cierto lamentablemente pareciera haberse promovido bastante en la cultura actual del liderazgo. Se ha dicho que a los líderes posicionales hay que seguirlos y punto, pero no estoy de acuerdo con esto. Si un líder me invita a lanzarme de un barranco y de antemano lo estoy viendo, no creo que sea muy inteligente, sabio y ni siquiera prudente, ir y lanzarse detrás de él. Si las actitudes del líder son perjudiciales, dañinas, de abuso, de autoritarismo, de aprovechamiento ilícito, de manipulación o utilización u otras similares, estás en todo tu derecho y deber, con mucho respeto y consideración, de decir: «¡No!».

Respetar a otros líderes es mostrarse considerado con sus ideas, instrucciones, necesidades o posturas, escuchar sus opiniones, seguir sus indicaciones de buena gana, aunque se esté totalmente convencido de que son la mejor ruta. Esto si se entiende que son por el bien común o el fruto de mayor sabiduría, experiencia o capacidad, es decir, ceder en ocasiones a posiciones propias con tranquilidad porque se confía en el líder. El fruto del respeto, honra y consideración es bendición y crecimiento para nuestra vida, liderazgo y condición interna.

Si tuviera que enumerar en una lista a las personas a las que tengo que honrar tendría que escribir muchos nombres. En realidad, hay personas que marcan nuestro camino de manera especialmente significativa.

He aprendido que no hay manera de que un líder sea exitoso sin al menos otro gran líder que le dé su apoyo. Reconozco que he tenido muchos. Doy gracias a Dios por sus vidas y los honro.

La única opción para que podamos mantener esto de manera perdurable es poder decir, con toda entrega y convencimiento: «Crea en mí, oh Dios, un corazón limpio, y renueva la firmeza de mi espíritu» (Salmos 51.10, NVI). Dale una oportunidad a Él, permítele actuar sobre lo más profundo de tu ser, dale espacio para que te enseñe, te guie y rehaga cada área de tu corazón.

Recuerda: el liderazgo es una condición del corazón y si funciona bien adentro, funcionará bien afuera.

Capítulo 5

Con respecto a tu crecimiento: sé intencional

«Ninguna disciplina resulta agradable a la hora de recibirla.
Al contrario, ¡es dolorosa!
Pero después, produce la apacible cosecha de una vida
recta para los que han sido entrenados por ella».
HEBREOS 12.11, NTV

Nació el 30 de junio de 1985. Lo llaman «el tiburón de Baltimore». Desde la primera vez que apareció en unos juegos olímpicos captó la atención de toda la prensa y por ende de buena parte del mundo. Las capacidades que despliega son impresionantes, se dice que es el mejor nadador de la historia y uno de los mejores atletas que ha existido. Sus records y triunfos así lo confirman. Tiene el honor de ser el hombre con más medallas olímpicas en la historia.

A los veintisiete años de edad, Michael Phelps decide no ir a más juegos olímpicos y retirarse como el más grande. Pero Phelps tiene una interesante historia. Veía un documental donde su entrenador Bow Bowman cuenta la manera en la que Michael entrena. Su estrategia de entrenamiento es nadar muchos kilómetros semanalmente, distancias realmente impresionantes, sobre todo para ser hecho de manera continua. Entrena seis días a la semana y cada día lo hace por un período entre cinco y seis horas. Este entrenamiento incluye ejercicios realmente que rayan en lo extremo, por ejemplo, él hace diez series de diez saltos, cada una elevándose a un metro del suelo dentro del agua con su famosa patada de delfín. Esto lo hace con ocho kilogramos de peso adicional y es un ejercicio tan fuerte que solo puede hacerlo cada tres días.

No es casualidad que Michael Phelps sea el que ha ganado más medallas olímpicas de la historia. Tiene en su haber veintidós de ellas, de las cuales dieciséis son de oro.

De forma definitiva podemos asegurar que no existe tal cosa como la casualidad y mucho menos el fingimiento cuando se trata del liderazgo, al menos no en el duradero, genuino e influyente. En cierta ocasión vi una película donde un fanático del béisbol le decía a su novia que le encantaba ese deporte porque no podía fingirse la habilidad de batear, que quizá alguien podía tener un día de suerte, pero no una vida de suerte.

No existe la casualidad, podría existir la coincidencialidad. Lo que sí es seguro que existe es la causalidad. Lee bien CAUSAlidad, es decir, que de forma intencionada provocamos el desarrollo de nuestro liderazgo y éxito con el favor de Dios presente en nuestra vida.

Es buen tiempo para tomar responsabilidad respecto a nuestra vida y buscar de manera premeditada el crecimiento de nuestro liderazgo. Tomamos responsabilidad cuando decidimos volcarnos hacia el entrenamiento de nuestras vidas para provocar la mejoría, el perfeccionamiento y la expansión necesaria para vivir caca día más plenamente nuestro liderazgo. El tiempo que el líder dedique a su entrenamiento está directamente vinculado al desarrollo de las competencias que necesita para lograr sus propósitos. De este tiempo dependerá en mucho sus facultades de liderazgo y el resultado de su desempeño. Sin entrenamiento no hay crecimiento, no habrá mejoría, los errores empezarán a mostrarse de manera incontenible, el bajo desempeño se hará presente y todo esto definitivamente será muy costoso para cualquiera.

El entrenamiento nunca se termina. Es constante, solo que algunos no tienen la habilidad para identificarlo o la intención de aprovecharlo. Un buen líder siempre está aprendiendo y se está entrenando para ir por más. Una vez que hemos alcanzado ciertos niveles en ciertas áreas de nuestra vida necesitamos seguir capacitándonos para ir hacia el siguiente nivel. Por ejemplo, puedes haber alcanzado la excelencia en la dirección de equipos, pero eso no quiere decir que ya lo sepas todo. Debes estar abierto para seguir aprendiendo porque cada día las cosas cambian y se descubren nuevas y más optimas maneras de hacerlas.

La vida nunca se detiene y por ende, nuestro crecimiento y desarrollo de liderazgo tampoco debe hacerlo. Siempre hay algo más que podemos alcanzar. Siempre hay algo más que podemos aprender. El entrenamiento es una acción constante. Un líder que crece es un líder que se mantiene mejorando y aprendiendo. Para esto necesita nutrirse y desarrollarse, es decir, adiestrarse. No necesariamente será agradable, pero sin duda producirá resultados. Veamos lo que dice el legendario Cassius Clay, conocido como Muhammad Alí: «Odié cada minuto de entrenamiento, pero me dije: "No abandones. Sufre ahora y vive el resto de tu vida como un campeón"».[1]

Cuando tenemos una visión y un plan por delante, debemos estar bien preparados para ejecutarlo con excelencia. Lo que Muhammad Alí nos dice con esta sentencia es muy sencillo: un gran tiempo de preparación nos dará mejores resultados. Nos dará la oportunidad de desarrollar las facultades, capacidades y fortalezas necesarias para vivir en el más alto nivel, el de los campeones.

El entrenamiento sirve para transformarnos en alguien que aún no somos. ¡Sé intencional!

Cualquier hecho o suceso de la vida puede dejarnos lecciones valiosas que aprender. Pero debemos distinguir entre los dos tipos generales de procesos de adiestramiento continuo:

Los provocados voluntariamente: son en los que nos disponemos y entramos de modo propio con el objetivo de crecer.

Los vividos involuntariamente: son situaciones que llegan a nuestra vida aunque no las estamos buscando. Quizá las hemos traído por nuestras decisiones, pero en realidad no queríamos que llegaran. Sin embargo, una vez que están ahí podemos aprovecharlas como procesos para nuestra mejora.

¿Cuáles podrían ser algunos de los procesos de entrenamiento?

- Escuchar y asistir a seminarios, talleres y conferencias.
- La educación académica formal.
- La lectura de libros en diversas áreas como liderazgo, crecimiento espiritual y personal, biografía de personalidades, cultura y de referencia general.
- El estudio propio e instruirse a sí mismo.

- Reflexión sobre situaciones tomadas del diario vivir.
- Problemas o situaciones provocadas por nuestra conducta.
- Lecciones aprendidas de nuestras relaciones y las diferentes maneras de pensar de la gente.
- Problemas o dificultades que llegan de forma imprevista.
- Las victorias o éxitos cosechados.

Cualquiera que sea tu caso, en ambos procesos deben estar siempre presentes y aplicarse ciertos criterios para sacar lo mejor de ellos. He aquí esos criterios:

1. Tener disposición y disponibilidad
2. Ser disciplinado
3. Tener resistencia y constancia
4. Buscar la especialización

Veamos con detalle qué hacer en cada uno de estos criterios.

1. Tener disposición y disponibilidad

Actitud que se debe desarrollar: *sé que debo hacerlo, quiero hacerlo y tomaré el tiempo y las acciones necesarios para hacerlo.*

Una cosa es estar dispuesto a hacer algo y otra estar disponible para hacerlo. También es diferente estar disponible y estar realmente dispuesto a hacerlo. No todo el que está dispuesto está disponible y no todo el disponible está dispuesto Necesitas las dos cosas.

Bow Bowman, entrenador de Michael Phelps, comenta que la mayor ventaja competitiva de él no es su fortaleza física, sino su personalidad y actitud dispuesta, fuerte y disciplinada.

Un buen líder tiene el corazón dispuesto y disponible para ser enseñado. Solo cuando estamos abiertos al aprendizaje se dan los procesos que llevan a cambios significativos. Estos procesos de entrenamiento pueden presentarse de muchas maneras: seminarios, talleres, libros, reuniones, conversaciones clave. Pero la más común de todas y la que menos tomamos en cuenta son las lecciones de la vida. Es muy importante que día a día nos preguntemos: ¿qué aprendí o viví hoy que me puede llevar a ser mejor en...?

¿Cómo puedes estar dispuesto y disponible?

Ten espacio en tu calendario y presupuesto para procesos que inviten al crecimiento.

Toma en cuenta el aspecto del crecimiento en tus actividades diarias. Por ejemplo, tengo el hábito cada día de dedicar tiempo para leer, sin importar lo comprometida que esté la agenda o el ajetreo del día. Ya sea una página del libro de turno, artículos, una noticia o una nota de interés, lo que sea, pero seguro leo algo que me nutra. Trata de asistir a actividades tales como conferencias y seminarios. Busca programas de televisión que te dejen un aporte y cosas por el estilo. El punto central es que durante el día siempre exista un espacio reservado para entrenarte y crecer.

Tienes que invertir para convertirte en alguien mejor. El crecimiento no es gratuito. Por cierto, las inversiones no siempre implican dinero. Tú decides cuál es tu precio personal a pagar.

Respecto a las lecciones de la vida: conviértete en un cazador.

Es muy importante la reflexión frente a las cosas que vivimos día a día. La forma más fácil de cazar lecciones es hacernos con frecuencia preguntas ante los diferentes escenarios donde nos encontremos. Una pregunta fácil de recordar y que puede traer muy buenos resultados es: «¿Qué puedo extraer o aprender de esto?».

Cuando sientas pereza o ganas de evadir algo que sabes requiere esfuerzo, oblígate a hacerlo: si la vida se tratara de hacer solo lo que queremos cuando queremos hacerlo, la verdad todo sería bastante complicado y desastroso. Una de las características de alguien que está realmente dispuesto y disponible es que a pesar de no sentir ganas de hacer algo, pone empeño y con fuerza de voluntad se sostiene firme obligándose a continuar con los procesos que le llevarán a crecer. En este sentido la motivación es importante, y una buena manera de mantenerse motivado es mantener en mente que todo ese esfuerzo rendirá buen fruto.

2. Ser disciplinado

La disciplina es un requisito indispensable para ver resultados del adiestramiento.

Actitud que se debe desarrollar: *controlaré los factores que puedan quererme llevar a declinar en lo que hago.*

Disciplina no es la palabra más dulce a los oídos de la mayoría. Podría llegar a ser desagradable. No obstante, cuando revisamos la definición de esta palabra y somos capaces de entenderla desde una perspectiva positiva encontramos que su aplicación correcta resulta sumamente provechosa.

«Ninguna disciplina resulta agradable a la hora de recibirla. Al contrario, ¡es dolorosa! Pero después, produce la apacible cosecha de una vida recta para los que han sido entrenados por ella» (Hebreos 12.11, NTV).

La disciplina es una admirable herramienta de entrenamiento. Esto podría ser un espectacular descubrimiento para muchos ya que la mayoría asocia la disciplina con algo negativo. Se equivocan. Quizá no se refiera solamente a la disciplina de hábitos personales, pero se aplica igualmente.

En el sentido que deseo que veamos la disciplina en este segmento, es como la capacidad de una persona de actuar de forma perseverante y siguiendo un patrón establecido para conseguir ciertos objetivos o metas, aunque esto implique incomodidad. La disciplina de la que hablamos aquí requiere autoexigencia, es decir, pedirnos a nosotros mismos ir más allá de donde normalmente iríamos y hacer más de lo que normalmente haríamos.

Son muchos los distractores, tanto externos como internos, con los que nos encontraremos al momento de desarrollar nuestras competencias y cualidades de liderazgo. Relaciones, circunstancias, sentimientos, deseos, apetitos, sucesos y más, tratarán de obtener nuestra atención y movernos de las decisiones y rutinas que hemos decidido adoptar. Sea por bien (buenas intenciones detrás) o sea por mal, el desenfoque siempre tocará a nuestra puerta y es necesario que no desmayemos y que hagamos un gran esfuerzo para no desistir. La única respuesta correcta para el desenfoque encuentra forma en la disciplina. No hay forma de permanecer enfocado y ser indisciplinado.

Hablando muy sinceramente esto de ser disciplinado y autoexigirse cierto orden y el acato de algunos hábitos es difícil para la mayoría de la gente común y mortal como tú y yo. Excepto algunos superdotados o superatletas, la mayoría de las personas tenemos que estar muy pendientes de nuestra disciplina y trabajar arduamente para construir y darles permanencia a los mejores hábitos.

Los mejores hábitos son el resultado de una vida disciplinada. Y respecto a los hábitos una vez leí un escrito anónimo de dominio popular que nos devela la pura verdad sobre este asunto. Quiero compartirlo con ustedes:

¿Quién soy?

Soy tu compañía constante. Soy tu mejor ayudante o tu más pesada carga. Te impulsaré hacia adelante o te arrastraré al fracaso. Estoy a tus órdenes por completo.

Puedes dejarme sin problema la mitad de lo que haces y lo haré, rápida y correctamente.

Soy fácil de manejar, solo debes ser firme. Dime exactamente cómo hacer algo y con pocas lecciones lo haré automáticamente.

Soy el que sirve a los grandes hombres. Así también, a quienes son grandes, yo los he hecho grandes. A los que son un fracaso, yo los he hecho fracasar.

No soy una máquina, aun cuando trabajo con la precisión de una máquina con la inteligencia de un hombre. Puedes usarme para ganar o puedes usarme para la ruina; para mí, es lo mismo.

Tómame, entréname, sé firme conmigo y pondré el mundo a tus pies. Sé flexible conmigo y te destruiré.

¿Quién soy?... Soy un hábito.

Nuestros hábitos pueden destruirnos o construirnos, y será precisamente nuestra capacidad de ser disciplinados respecto a estos la que determinará el resultado que ellos producirán. Se necesita ser disciplinado para dejar de practicar los viejos malos (o improductivos) hábitos y aun más para construir y sostener nuevos y buenos hábitos.

Debemos desarrollar la actitud correcta hacia los hábitos malos o distractores. No debemos permitir que estos nos gobiernen. Cuando me refiero a distractores, me refiero a ciertos hábitos que no pueden ser catalogados de malos, pero que tampoco nos llevan a ningún lugar. Particularmente creo que estos son muy peligrosos porque podrían estar entre las cosas «aceptables» socialmente, pero que a la larga podrían ser contraproducentes. Un buen ejemplo de esto es la gente que tiene por hábito dormir más horas de las debidas, y no hablo de los que están cansados, sino de los perezosos. No tengo nada contra la necesidad de dormir el tiempo adecuado para el descanso, pero lo cierto es que mientras duermen más tiempo del necesario la vida se les va. Pierden valiosas horas donde pudieron desarrollar grandes cosas. Dicen que las matemáticas no mienten, así que saquemos una cuenta sencilla. Si lo recomendado para un adulto es dormir ocho horas promedio y una persona duerme diez, en un año ¿cuántas horas de más habrá dormido? Unas 730 horas de sueño de más, el equivalente a treinta días, los cuales pudo usar no solo para trabajar, sino para pasar tiempo de calidad con su familia, emprender algún proyecto, estudiar, etc. A menos que exista una condición médica que haga que la persona necesite ese tiempo extra para dormir, creo, con mucho respeto, que hacer este tipo de cosas es perder tiempo valioso. Al final del día cada quien decide lo que piensa que es más conveniente.

Dios nos creó para que lideremos, para que seamos los que guiemos nuestra vida de la mano de Él y no para que nuestros hábitos personales o circunstancias vengan a dominarnos. Por lo tanto, si nos acercamos a Dios podremos, gracias a su presencia en nuestra vida, gozar más fácilmente de los beneficios que trae el ser disciplinados y no andar entregados a toda clase de deseos, ideas, pensamientos o circunstancias que se presenten.

Es importante que recuerdes que la actitud que se debe desarrollar es: *me impondré sobre los factores que quieren desviarme o hacerme declinar en lo que hago.*

¿Cómo puedes hacerlo?

Hay muchos recursos que pueden servir de ayuda directa respecto a cómo desarrollar disciplina. Aquí solo quiero brindarte una manera sencilla para estar atentos a las cosas que tratan de distraerte y atentar contra tu disciplina.

Al fin de cuentas, tú eliges.

En ocasiones podemos sentir una fuerte presión que nos lleva a considerar que estamos obligados a actuar de cierta manera, ya sea desear comernos un dulce, tomar alguna bebida o no levantarnos de la cama. Tú sabes cuál es ese deseo que quisieras vencer. No pierdas de vista que en última instancia está en ti el poder de decidir. Está en tus manos la decisión de mantenerte disciplinado o no. Si Dios te creó con libre albedrío y te dio la capacidad de decidir, nada ni nadie tiene el derecho de quitártelo.

Pon a funcionar las alarmas: posterga el placer

La mayoría sabemos cómo se encuentran nuestros ánimos y la disposición que podemos tener o no para mantenernos en el cumplimiento de cierta disciplina. Cuando los ánimos están bajos es muy fácil sucumbir ante la indisciplina y los deseos que buscarán sacarnos de todo esfuerzo, por esto es muy importante el dominio propio.

Quizá en el contexto posmoderno en que nos encontramos, donde se emiten muchos mensajes que te invitan a hacer lo que sientas y que pueda darte placer, sin abstenerte para evitar las consecuencias (de hecho, se habla muy poco de las consecuencias de nuestros actos), se anima a vivir el momento y es un reto desarrollar el dominio propio.

Además, de manera natural a todos se nos presentan diferentes tentaciones. Sin embargo, en cada momento es importante que recordemos lo que Dios tiene que decir respecto a estas cosas. Tener en cuenta la aplicación de sus principios y prestar atención a sus recomendaciones nos garantiza la plenitud de manera duradera, es decir, satisfacción por largo tiempo y que vale la pena sentir. De esta clase de satisfacción duradera no tendremos que arrepentirnos, pero si nos dejamos guiar por el impulso solo tomaremos decisiones que nos proporcionarán placer a corto plazo.

El dominio propio es valioso. Proverbios 16.32 afirma: «Más vale ser paciente que valiente; más vale dominarse a sí mismo que conquistar ciudades» (NVI). Para desarrollar dominio propio necesitamos desarrollar nuestra paciencia y capacidad de controlar nuestros impulsos y deseos, procurando que predomine la cordura y el pensamiento consciente en cuanto a los resultados de nuestras acciones y decisiones. La verdad que he encontrado al paso del tiempo y de conversaciones con distintos líderes o mediante conferencias, mensajes o libros es que solo con una vida de profunda intimidad con Dios puede generar tal clase de dominio propio. Intentarlo por nuestras propias fuerzas es inútil, te lo garantizo. El dominio que necesitamos para vivir al máximo es fruto de la obra del Espíritu Santo en nosotros. Algunos dirán que han podido desarrollar esta clase de dominio, y no pongo en duda sus palabras y su sentir. Respeto a los que lo han logrado, solo les digo que al estar Dios de por medio las cosas se van a un nivel más arriba.

Mantén factores externos de control

Respecto a esto es altamente recomendable la búsqueda de una figura de autoridad y un buen compañero de camino, bien sea mentores o coaches, personas a quienes rendirles cuentas y que puedan también con mayor sabiduría o destreza tener la capacidad de servir como una autoridad y guía sobre tu vida. De igual manera es necesario tener personas que consideramos «pares», pero a las cuales les demos la autoridad para advertirnos o avisarnos cuando estamos desviándonos de la disciplina que requerimos para mantenernos entrenándonos y generando crecimiento. Necesitamos que estas personas también nos den el ánimo y los vítores necesarios para inyectarnos motivación.

Esto quizá no es tan sencillo porque va a requerir mucha humildad y posiblemente fuerza emocional para aceptar las cosas que puede que no nos gusten, además de tolerancia para escuchar lo que no queremos escuchar, pero necesitamos escuchar, y templanza para no reaccionar inapropiadamente frente a todo esto. Algo es muy seguro, el monitoreo y control de los factores distractores produce resultados increíbles en lo que respecta al crecimiento y la integridad en la vida de un líder.

3. Tener resistencia y constancia

Actitud que debes desarrollar: aunque me cueste, seguiré adelante.

El entrenamiento es un tiempo de cambios y esfuerzos, de ensanchar las capacidades. Esto no es algo fácil. Por lo general no es agradable y hasta puede producir algún tipo de dolor o molestia.

En el ámbito físico, por lo general, cuando una persona empieza procesos de ejercitación, durante los días que siguen experimenta dolor. Contrario al deseo natural, en lugar de parar debe continuar. Si sigue practicando sus ejercicios, aun cuando sienta que se va a desmayar, poco a poco todo pasará. Solo así podrá superar el dolor y darle paso a una rutina gratificante que le lleve a conseguir la meta de entrenamiento que se ha puesto o aquello por lo que ha iniciado ese proceso de ejercitación.

Tal como sucede en el aspecto físico, desarrollar nuestras capacidades y habilidades de liderazgo al principio puede doler, ser incómodo o dar deseo de abandonar. El reto es permanecer firmes.

Un ejemplo de esto pude verlo en una oportunidad en unas sesiones de coaching ejecutivo. Uno de los puntos más importantes para la persona a quien estaba acompañando era que el trabajo se le estaba haciendo una carga muy pesada por causa de la mala actitud de una persona clave en su equipo. Estaban involucrados en un área crítica de una corporación, así que lo que estaba en riesgo era grande. Además de eso si fallaba en

sus actitudes y decisiones podía comprometer su propia carrera
y reputación. Pasaban los días y la persona seguía siendo reacti-
va, hostil y pasivo-agresiva. Honestamente, cuando el coach me
narraba los episodios, no podía creerlo. En realidad era algo personal y sin ningún fundamento. Simplemente era un asunto de
caerle mal a otro gratis. Sostuve sesiones con otros miembros
del equipo y todos concluían lo mismo. El coach se llevaba bien
con todos menos con esta persona y a su vez esta persona no se
llevaba del todo bien con los demás.

Así que puse dos platos en la mesa: primero, la persona es
la del problema; segundo, es algo que va más allá de lo normal porque «si todos tienen un problema con José, entonces
José es el del problema». Así que les dije a los miembros del
equipo que tuvieran palabras amables hacia la persona en todo
momento, que sostuvieran siempre una sonrisa, pero sobre
todo que trataran de sostener sobriedad en sus emociones para
no estallar, eso sí con límites, sin permitir que la persona les
atropellara. Reconozco que era casi un trabajo para Ethan Hunt
de la película *Misión imposible*. Le dije al coach que el centro
del asunto era que mantuviera en mente que el proceso iba a
ser complicado, quizá se iba a arreciar, pero que con seguridad
daría resultado. Yo sabía esto, pues «La respuesta amable calma el enojo, pero la agresiva echa leña al fuego» (Proverbios
15.1, NVI). Reconozco que es más fácil decirlo que practicarlo,
pero eso no le resta veracidad. La Biblia simplemente no falla.
Si tenemos la suficiente resistencia, terminaremos viendo el
resultado. Al cabo de un tiempo y luego de mucha resistencia y constancia por parte del coach y la paciencia del equipo
entero, la persona se desarmó, reconoció su mala actitud y bajó
las armas. Todo era un asunto de inseguridad. Era una persona que por su historial personal padecía de muchos comple-
jos y entre otros asuntos sentía que otros le atacaban con sus

comentarios. Pudo entender que los demás eran sus compañeros y que tenían un objetivo común y desde ese momento todo fluyó en una dirección diferente.

¿Qué podría ayudarte a mantenerte resistiendo el proceso?

Recuérdate de manera constante el porqué

María Fernanda, una prima de mi esposa, había iniciado un curso para ser chef. Apenas había tomado la primera clase y estaba haciendo las tareas, las cuales requerían dedicación, enfoque y detalle. Al pasar un rato ella empezó a cansarse e incomodarse, lo que era evidente por su actitud. Acto seguido simplemente dijo: «Yo no quiero hacer nada de esto, lo que quiero es cocinar». Inmediatamente nos reímos y ella siguió adelante con buen ánimo. Lo que quería era llegar al resultado sin pasar por el proceso. Quería armar platos como los de Gordon Ramsay, pero sin pasar por el aprendizaje, sin tener que cortar las cebollas ni nada de eso. Es necesario aprender a hacer lo básico con excelencia, para luego hacer lo complejo con gran destreza. Esto no es fácil, por ello es importante mantener en mente el porqué estamos haciendo las cosas. Es necesario tenerlo presente para sustentar la constancia y pagar el precio que pide el hoy para convertir el mañana en algo mejor.

Celebra las pequeñas victorias del camino

Esta es una buena manera de mantenerte con el ánimo arriba mientras llegas a la meta y un excelente colaborador de la constancia. Recuerdo que en una oportunidad estaba con mi esposa Vanessa armando un rompecabezas de 1.500 piezas. Al principio yo estaba muy entusiasmado y comprometido, ella no tanto. Al pasar un corto tiempo todo cambió, ella estaba concentrada y yo muy distraído y pensando en varias otras cosas. Sin embargo, decidí enfocarme y seguir para juntos disfrutar de esa actividad, así que cada vez que conseguía una pieza y la colocaba decía un alegre «Yes». Cuando lo hice unas tres veces, ella preguntó: «¿Qué se supone que es eso?». A lo que simplemente respondí: «Estoy celebrando las pequeñas victorias». Hacer esto te ayudará a mantenerte en la ruta.

Recuerda que estás aprendiendo

Si te estás adiestrando es porque necesitas aprender. Si necesitas aprender es porque te estás desarrollando. Si te estás desarrollando es porque todavía no estás al máximo. Si todavía no estás al máximo tienes el derecho de no ser totalmente experto y si tienes el derecho de no ser totalmente experto tienes derecho a equivocarte o sentirte desanimado. No debemos permitir que el decaimiento nos haga desistir. Tenemos que resistirlo y desarrollar nuestra constancia.

En este preciso momento estoy trabajando con mucho ahínco en desarrollar la disciplina de correr, desarrollar un hábito como este es más difícil de lo que parece, sobre todo para mí. Soy alguien orientado a metas, quiero salir y correr cuantos kilómetros se me antojen y tiene que ser el primer día. Esa es mi naturaleza, pero la realidad es otra. Toma tiempo, entrenamiento y disciplina desarrollar la capacidad de correr. Toma mucho esfuerzo crear una disciplina como esta. Créeme, muchos días se presentan buenas razones por las cuales no salir a correr, sobre todo cuando siempre te sucede algo, en mi caso me lesioné una rodilla, luego me recuperé y me lesioné la otra. Luego fue la espalda, no lo estaba haciendo correctamente, no estaba calentando de la manera adecuada, debo tomar esto como costo de aprendizaje. Aprendí que siempre algo se va a interponer en el camino entre tú y tus metas más altas. Esto no es permiso para declinar, más bien es razón para luchar. Por lo tanto, decidí que iba a correr y punto, así que para mí en este momento y para ti en tus procesos lo importante es ser persistente y seguir intentándolo cuantas veces sea necesario para lograrlo.

4. Buscar la especialización

Actitud que debes desarrollar: *voy a hacer esto de la mejor forma que pueda hacerse en el mundo.*

Bien dice el refrán popular: «La práctica hace al maestro». La única forma posible de alcanzar el estatus de excelencia en algo, es hacerlo una y otra vez en búsqueda del perfeccionamiento. Los mejores líderes, aquellos que generan mayor influencia, entre otras cosas, son muy buenos en lo que hacen. Sea lo que sea que ejecuten, tienen una impronta de excelencia.

Entrénate para ganar, no para ser uno más del montón, paga el precio necesario para convertirte en una referencia. Sé el mejor. Debemos practicar procesos de enfrentamiento una y otra vez. Buscar puntos fundamentales donde queramos mejorar o perfeccionar.

La especialización es de sumo valor dado que nos permite encontrar respuestas rápidas a situaciones, uso eficaz de las herramientas y agudeza en el liderazgo.

¿Cómo puedes ser un especialista?

Invierte mucho de ti (tiempo y recursos).

Para ser un especialista vas a tener que invertir: tu dinero, tu tiempo y mucho uso de tu intelecto. La cantidad de inversión que hagas mostrará qué tan interesado estás en alcanzar la excelencia en un área determinada. Mientras más tiempo pases en un tema, más lo dominarás, hasta el punto que se hará natural para ti la expresión de habilidades y los usos de herramientas sobre este tema.

Apasiónate y conviértete en un investigador ávido

Lee todo lo que puedas sobre el tema. Mira todo lo que puedas y escucha todo lo que puedas respecto al tema que deseas dominar o en el cual deseas generar cambios importantes en tu vida. Todo esto bajo la idea de «sométanlo todo a prueba, aférrense a lo bueno» (1 Tesalonicenses 5.21, NVI). Una clave para el crecimiento es la formación y la investigación, al hacer esto estarás incorporando conocimientos que te brindarán un excelente marco de referencia para tu actuación como líder, convirtiéndote en un marco y fuente de referencia.

Comparte con otros lo que sabes.

Al enseñar crecemos e incorporamos mucho más a nosotros mismos. Definitivamente será difícil una mejor forma de aprender que enseñando. Cuando les enseñamos a otros lo que ya hemos investigado o aprendido nos lleva a una zona de compromiso muy fuerte. Debo recordarte que esto debe hacerse con humildad y con un espíritu dispuesto a aprender. Enseñar a otros es una experiencia que tiene como fin no solo entregar lo que se sabe, sino compartir e intercambiar para ampliar nuestro propio caudal y desarrollar nuestra especialización.

Sacando el máximo

Nunca seremos destacados por ser mediocres. Cuando más seremos aceptados es por eso: los mejores líderes persiguen la excelencia y saben que la manera de alcanzarla es entrenándose y creciendo. Entrenarse de manera consecuente es muy valioso, pero quizá no es bien apreciado. Te invito a valorar cada circunstancia como algo que te ayuda a crecer. Ten presente que, bien sea de forma agradable, incómoda o dolorosa, estás convirtiéndote en una mejor versión de ti mismo y estás afilando tus potencialidades para vivir tu liderazgo de una forma más profunda y amplia. Por cierto, en Lidere usamos mucho una expresión (explicada muy bien en el libro *Agudeza*) que dice: «incomodidad que estira». A veces dicha incomodidad es lo mejor que nos puede pasar. Nos toca tener coraje y asumir valientemente el reto de entrenarnos como lo hacen los grandes campeones.

Capítulo 6

Máximo enfoque: visión y sentido de destino

«Tenía hambre y por eso rompí la puerta». Esa fue la razón que de forma queda y tranquila les di a mis padres. Respondí como aquel que no ha hecho nada malo ni anormal. Les dije así cuando me preguntaron por qué había hecho un hueco en la parte de debajo de la puerta que separaba la cocina de donde había una nevera. Quiero resaltar que ya mis padres me habían dado mi almuerzo y siempre fueron muy responsables con mi alimentación. Yo solo tenía unos tres o cuatro años de edad. Mi mamá estaba descansando un rato en su dormitorio y yo quería comer. Por mi temperamento bien marcado desde pequeño, en lugar de ir a buscar ayuda, simplemente me hice cargo por mis propios medios, fui a la cocina y la puerta que daba a la nevera estaba cerrada. Dicha puerta tenía dos paneles plásticos, así que agarré, eché hacia atrás y me dispuse a impactar la puerta con todas mis fuerzas con mi carrito de pedales, y así lo hice. Para alguien orientado a metas era lo más lógico. La puerta tenía la culpa, ella se interpuso entre mí y mi meta de llenar mi estómago, así que varias veces la golpeé hasta que se rompió, luego me bajé y terminé de hacer el trabajo. Entré, abrí la nevera y saqué algo. Luego ya ni me acuerdo qué sucedió después, pero sí recuerdo que era un chiste en la familia que yo había roto una puerta para comer. Tenía hambre y mi plan y meta eran muy claras: satisfacer esa necesidad, y así lo hice... punto.

Te haré unas preguntas sin rodeos, directas, sin muchas vueltas, y quiero tu respuesta franca y sin titubeos. Así que mejor detente antes de hablar.

- ¿Qué harás con tu vida?
- ¿Cuál es tu plan?
- ¿Por qué se supone que estás aquí?
- ¿A dónde se supone que vas?
- ¿Cuándo sabrás que valió la pena vivir?
- ¿Qué te dirá que jugaste bien y ganaste en el juego de la vida?
- ¿Lo que haces cada día te lleva hacia algún lugar?

Si no te detuviste y tomaste el tiempo para leer lo anterior, te pido que no continúes leyendo. Debes hacer un alto y considerar de manera consciente las respuestas a lo que te acabo de preguntar, porque de ellas dependerá mucho tu futuro y el legado que dejarás para tu familia, la sociedad y mucho más allá.

Un buen líder está enfocado. Además de vivir con propósito también vive a propósito, haciendo que cada día cuente, que cada minuto sea importante, que cada decisión lo mantenga por la ruta que lo conduzca a un lugar donde mañana puedan decirle: «¡Excelente! Eres un empleado bueno, y se puede confiar en ti» (Mateo 25.21, TLA).

Estar enfocado es tener la mirada puesta y concentrada en un lugar exacto y preciso al cual queremos atinar o el blanco en el cual queremos acertar. Es el lugar donde ponemos toda nuestra concentración. Hablar de liderazgo es hablar de influencia y hablar de influencia es hablar de visión. Para alcanzar una visión (para donde voy) es de mucha importancia tener metas, dichas metas son como estaciones en el camino al destino final. Un gran líder tiene una gran visión que irá completando durante todo su camino y que solo cesará el último de sus días. La visión nos inspira, nos recuerda por qué cada día luchamos y provocamos acción, nos da una razón mayor para seguir. La visión nos da aliento.

Imagina por un momento qué clase de vida quieres para las próximas generaciones, qué clase de familia quieres tener mañana, qué clase de trabajo quieres conseguir y qué impacto quieres dejar con tu profesión cuando todo haya terminado. Piensa hoy dónde quieres estar mañana, porque mañana existe, es real y va a llegar. Eso que pensaste, eso es visión. Uno de los grandes peligros de la vida es no pensar en el mañana, porque mañana existe y no va a ser bueno a menos que nos aseguremos de que hoy lo sea. Por lo tanto es importante el fijar metas y plantearnos una visión precisa. Esto nos permitirá tomar las decisiones correctas y hacer escalas adecuadas para llegar a donde queremos. Esto además nos permite tener la oportunidad de medir cómo vamos en nuestra carrera.

Aprovecho para aclarar que creo que la visión no tiene nada que ver con el poder del pensamiento positivo, la visualización u otros asuntos sincréticos que llenan las pantallas de televisión, libros, conferencias y otros espacios. Actualmente hay muchas prácticas equivocadas, por ejemplo, que pensar positivamente o declarar cosas logrará lo que deseas. La Biblia dice en Filipenses 4.8 que pensemos en «todo lo honesto, todo lo justo, todo lo puro, todo lo amable» (RVR60). Debemos hablar de forma correcta y poderosamente, pero nada tiene que ver con este tipo de cosas mencionadas y otras por el estilo. Con esto no quiero ser irrespetuoso con los que creen o apoyan estas creencias. Creo firmemente que diferir no es irrespetar. De manera práctica puedo asegurarles que pensar positivamente o tener una visión respecto a cómo nos gustaría que fuera el futuro no nos va a llevar hasta allá. Lo que nos ayudará es caminar fluidamente por una ruta bien elegida.

Muchos tienen sueños y aspiraciones, pero solo pocos tienen el valor de arriesgarse y dar un paso más para ser unos visionarios. Si no estás conforme con el statu quo y sientes que existe algo más allá, entonces eres alguien en proceso de desarrollar una visión y vivir un liderazgo exitoso. Mantenerse enfocado en una visión suena más fácil de lo que realmente es, pero produce más resultados de lo que realmente se cree. Estar enfocado nos ayuda a sacar el máximo provecho.

En su mayoría quienes viven carentes de visión, con un escaso sentido de destino y del enfoque son personas que van ahogando su capacidad de soñar. Están muy convencidos de que deben caminar de forma inerte, aceptando lo que las circunstancias les traigan a su mesa y que eso es justo lo que deben tener porque no hay nada más. La liberadora verdad es que no es así, la transformadora verdad es que tenemos el derecho de desarrollar una visión para alcanzar un mejor mañana para nosotros y para otros. Podemos cambiar nuestra perspectiva y pasar de ser personas disgregadas e inertes a líderes enfocados. No es arrogancia, es estar comprometidos con el liderazgo, es estar centrados en hacer nuestra parte para que Dios cumpla su palabra en nosotros. Dios dijo que tenía un plan, un futuro, un destino para nosotros (Jeremías 29.11), sin embargo, muchas veces nos negamos a avanzar en ese camino y elegimos permanecer en el nuestro, dando vueltas en un lugar desértico y desagradable. Es tiempo de cambiar la forma de ver las cosas y empezar a colocar nuestros sentidos y esfuerzos en el lugar correcto.

Estar enfocado es mantener la vista centrada en un punto y mantener la atención o el interés dirigido hacia determinado aspecto. Quiere decir que dejamos de mirar hacia los lados. Los que alguna vez han visto una carrera de caballos, saben que les colocan en sus cabezas algo llamado gríngolas, las cuales son unos cobertores que impiden que ellos se inclinen hacia los lados, evitando así que durante la carrera se distraigan o se echen hacia un lado. Esto les ayuda a mantenerse enfocados en la meta final. De esto podemos aprender una lección importante, se requiere que todos nuestros sentidos estén puestos en la ruta que nos llevará a esa meta final. ¿No tienes un sueño? ¿No sabes hacia dónde quieres ir? Comienza a decidir ahora mismo la respuesta a la pregunta: ¿qué harás con tu vida? Las respuestas a esta y las demás preguntas hacen el trabajo de las gríngolas en ti: te ayudan a no desviarte de la ruta.

Tres cosas centrales para mantener el enfoque y no desviarte:

1. Saber exactamente qué quieres lograr
2. Saber qué es necesario priorizar para lograrlo
3. Saber decir «no» a todo lo demás

Quiero hablarte de Nehemías. Este hombre lo puedes encontrar en la Biblia y es un hombre que tuvo una visión para beneficiar a un pueblo entero e hizo lo necesario para alcanzar el cumplimiento de dicha visión. Él se vio en la necesidad de mantenerse completamente enfocado. Si por un momento se distraía ponía en riesgo todo lo que había emprendido. Mira lo que dice el libro de Nehemías:

> Pero me di cuenta de que ellos tramaban hacerme daño, de modo que les respondí con el siguiente mensaje: «Estoy ocupado en una gran tarea, así que no puedo ir. ¿Por qué habría de dejar el trabajo para ir a encontrarme con ustedes?» (6.2b–3, NTV).

Claves respecto a la visión y el enfoque que podemos aprender de Nehemías

Busca tu propio enfoque

Aunque parezca muy básico, no deseo pasar por alto este tipo de detalles. Nehemías tenía una visión, una obra que denominó como «una gran tarea». Él sabía exactamente lo que estaba haciendo, pero más importante aun: sabía por qué lo estaba haciendo, y esto le dio el poder de mantenerse enfocado.

Un asunto central es hacer de nuestras metas y objetivos algo en realidad personal. Un problema común es el de comparar nuestras metas y logros con los de otras personas. Es vital entender que tus metas son importantes porque son tuyas, no porque son más grandes que las de otras personas. Al comparar corremos el riesgo de desanimarnos o de llenarnos de envidia. No hagas esto; corre tu propia carrera. Debemos girar nuestra vida hacia una visión y empezar a vivir con ella, sin mirar mucho hacia los lados.

Para Nehemías este asunto era una carga personal, algo que sentía importante de manera íntima. Por esto pudo llevar adelante todo el asunto. Había otros problemas que resolver, pero ese era «El» problema a resolver para él y lo hizo suyo. Su área de pasión era la reconstrucción, fue ahí donde Dios movió su corazón. Mientras Nehemías reconstruía los muros de la ciudad, Esdras trabajaba con la vida espiritual de las personas. Sus labores se complementaban, tenían ambas un buen fin, pero cada quien estaba enfocado en lo que era de su competencia.

Necesitas claridad

Nehemías descubrió que otros querían hacerle daño. Se mostró como alguien previsor y sabio. Fue profundo en su percepción, lo cual le permitió usar bien su tiempo, dirigir sus esfuerzos con sabiduría y tomar sus decisiones de manera atinada.

En la actualidad uso lentes para mejorar mi visión. Descubrí que tenía que usarlos porque un amigo compró un par y yo me los puse solo para probar. Cuando me los puse descubrí que con ellos veía en HD, alta definición. Fue bien gracioso porque fue como tener un gran descubrimiento. Yo no podía enfocar bien y no había descubierto que tenía que hacerlo. Estaba acostumbrado y adaptado a mi visión deficiente. Solo después de esa experiencia pude determinar que necesitaba algo que me ayudara a enfocar mejor. Esta analogía nos sirve para entender que necesitamos una mejor visión para estar bien enfocados. Es tiempo de revisar dónde esta puesta nuestra vista, de chequear si nuestra visión es la mejor.

Nehemías no quitaba la vista de lo que era su razón más elevada para ese momento, del mismo modo en nuestra vida que vemos con claridad nos ayudará a tomar las mejores decisiones. Él podía ver claramente la importancia de lo que estaba haciendo, también podía ver quiénes eran sus adversarios y quiénes le apoyaban. No fue incauto, veía en alta definición.

Reconoce qué es lo más importante y dale su lugar

Conocer nuestras prioridades nos va a permitir saber en qué orden debemos vivir, en qué podemos invertir nuestro tiempo y en qué tipo de relaciones debemos involucrarnos.

Esta vida está llena de la tiranía de lo urgente. Cada mañana nos despertamos con montañas de asuntos que se supone tenemos que hacer y además, muchísimas personas, conociéndonos o no, nos incluyen en su agenda aun sin quererlo. De una o de otra forma, cada día se suman a nuestra planificación cosas inesperadas. Lo que nos va a ayudar a tomar decisiones de forma acertada es la capacidad que poseamos de tener claras nuestras prioridades. Saber exactamente qué es lo que se necesita hacer, qué es lo más productivo y qué traerá mayores resultados para mis papeles (empleado, empresario, líder, hijo, esposo, padre, amigo y otros), nos ayudará a manejarnos de manera más eficaz. Empieza a revisar tu agenda diaria, compárala con tu plan y con el lugar al cual deseas llegar. Confirma si tus prioridades, acciones diarias y manejo del tiempo apuntan directamente hacia el cumplimiento de tu plan, si la respuesta es no, o al menos no está muy clara, te recomiendo que retomes el control de tus días y hagas los ajustes necesarios para reordenar las prioridades de manera tal que puedas conducirte con más eficacia.

Muchas veces el problema no radica en identificar las prioridades, sino en saberles dar su puesto. Hacer lo más importante siempre traerá los mejores resultados.

Valora en lo que estás trabajando

La visión debe convertirse en un trofeo para ti y debes disfrutar el camino, el proceso a la concreción de esta, hacia el podio donde te entregarán el galardón. La manera de hablar de Nehemías revela que tenía claro que lo que estaba haciendo era una tarea de inmenso valor, era algo bueno e importante para él y para otros, pasión y compromiso se desprenden de la boca de un visionario. Él se preguntó: «¿Por qué habría de dejar el trabajo?». Y sencillamente no hubo una respuesta a esto. Ahora quiero preguntarte: «¿Abandonas con facilidad algunas tareas? ¿Cuando las cosas se ponen difíciles, desistes? Nehemías estaba orgulloso y amaba lo que estaba haciendo y la gente por la que lo estaba haciendo... ¿y tú?

Si ante cualquier mínima provocación de afuera te mueves de tu lugar y del propósito que te fijaste es porque tu voluntad no es firme, tu compromiso no está suficientemente desarrollado o la visión no ha sido tan poderosa como para captar todo tu corazón. Es decir, no tienes un máximo enfoque.

Una de las claves para poder mantenernos enfocados es que aprendamos a decirle que «no» a todo lo que no nos lleva hacia adelante en ese plan, proyecto o visión principal.

Vuelve al punto

Nehemías no perdió el tiempo, siguió en su asunto. Muchos no muestran esa capacidad de concentración, sino que ante una interrupción o falla se quedan distraídos un rato. Él volvió al punto y tú y yo también debemos hacerlo. Ante una visión aparecerán varios personajes: los aliados, los espectadores, los enemigos, los críticos, los incrédulos y algunos más. Podrás notar que son más lo que están en contra que a favor. No los ignores, pero tampoco juegues su juego. Habrá gente que no te comprenderá, te criticará e irán en tu contra, lo que debes hacer es decirles muy amablemente: si no entiendes la visión, no critiques la estrategia. Si la entiendes, colabora para que se logre. Por otro lado, debo advertirte que la visión tendrá contrincantes que no son adversarios. No apoyan la visión, pero te apoyan a ti. Por ejemplo, gente cercana a ti que le tienen miedo al cambio o temor a lo desconocido, al no poder ver lo que tú sí estás viendo, se paralizarán y pretenderán que tú hagas lo mismo. No cedas ante esto, sé firme pero ten tacto para tratarles con la delicadeza requerida. Ellos no quieren hacer daño ni a ti ni a la visión. En cuanto a volver al punto, es importantísimo el valor de la flexibilidad porque si no terminarás frustrado. «Bienaventurados los flexibles, porque ellos no se quebrarán cuando sean doblados».

Conozco a personas que llevaban carreras brillantes, vivían como líderes y producto de alguna experiencia de dolor o decepción terminaron quebrantándose y cambiando de manera radical. Se desenfocaron por completo, abandonando lo bueno para irse al lado de la entrega y la desesperanza. Les entiendo, hay ciertas circunstancias de la vida que parecieran ser irreversibles, injustas e irreparables. Me conmueve ver como algunos sufren frustrados por no poder alcanzar la visión. Pero es tiempo de sacudirse el polvo, esto aún no termina, sigan adelante. El único camino que se debe tomar después de alguna caída, desvío, tropiezo o distracción es el camino de regreso al punto, es decir, el regreso a la visión.

Es inevitable que vengan tiempos difíciles. Es imposible evitar las confrontaciones o los retos, pero debemos tomar una decisión previa al respecto, no esperar a que llegue para ver qué haremos. Ser previsor es ser prudente. No quiero ser heraldo de tragedias ni del pesimismo, pero en la vida de toda persona hay momentos con situaciones desagradables, dolorosas o complejas. Debemos tener esto presente y tratar de elegir de antemano cómo actuaremos frente a los obstáculos del camino porque si no pueden desequilibrarnos totalmente llevándonos a un lugar de oscuridad. Nadie elige sus tragedias a propósito, pero sí puede elegir a propósito qué hacer con ellas.

Un líder que está enfocado es un líder que no permitirá que la adversidad le haga rendirse ni consentirá en el peligro de que la comodidad le haga descansar. Es alguien que tiene una idea clara y va tras ella manteniendo el paso de forma continua, trabaja y se desarrolla en pro de alcanzar el futuro anhelado.

Te imaginas a una persona que dice soñar con ser ingeniero y luego se inscribe en la facultad de medicina, nunca jamás logrará graduarse de ingeniero. Si está estudiando para ser médico precisamente en eso se graduará. Así sucede muchas veces con nuestra vida y liderazgo, tenemos sueños, aspiraciones, grandes anhelos y seguramente tenemos las cualidades, los talentos y las habilidades para alcanzarlos. Muchas veces tenemos todo menos dos factores determinantes: un «¿cómo lo voy a lograr?», un plan concreto que permita establecer pautas y metas que nos ayuden a obtener nuestra visión y el enfoque necesario para seguir dicho plan. Esto se aplica en el ámbito personal, espiritual y profesional. Si deseamos tener mejores familias, trabajos o empresas exitosas y sobre todo una relación personal con Dios más profunda y fructífera, no pretendamos que lo bueno ocurra solo porque sí, debemos provocar las cosas y para que haya resultados debemos saber «cómo» y mantenernos ahí hasta alcanzarlos.

Desarrollar la intencionalidad como estilo de vida nos ayudará a mantenernos con el enfoque al máximo. La intencionalidad está íntimamente ligada a la planificación, es decir, al «cómo lo voy a lograr». Poner en ejecución un plan nos servirá de guía para sostener una actitud enfocada. El plan nos dirá si estamos o no enfocados en lo más importante. Por ello es importante que nuestro plan de vida y liderazgo tenga metas medibles y debemos buscar la manera de mantener dichas metas a la vista para saber cómo va el marcador. De lo contrario terminaremos corriendo el riesgo de vivir por debajo o desviados de lo requerido.

Quiero advertirte que por lo general las cosas no van a salir exactamente como las planeamos. Hay que tener cuidado para evitar terminar lleno de frustración que te amargue y te impida continuar creciendo y avanzando. Al establecer tus planes en cualquiera ámbito ten espacio para dos cosas: primero, para la flexibilidad y segundo, para la tolerancia. Sin estos dos aspectos terminaremos tal como una banda elástica cuando se estira más de lo debido, rotos. También es importante entender que existe una gran diferencia entre estar enfocado y estar empecinado. Lo llamo «El efecto hámster». El animalito está en la rueda dentro de su jaula, corriendo y corriendo, se esfuerza hasta agotarse, pero no va a ninguna parte, y por último, pero no menos importante, habrá gente cercana que te ama que tratará de detenerte o distraerte. No lo hacen por mal, solo que probablemente ellos no están viendo lo mismo que tú, no tienen la misma visión, o quieren que no corras ningún riesgo o salgas de tu zona de seguridad. Debes avanzar firmemente.

La idea principal es que tengamos un plan o sendero bien establecido, que lo sigamos y al mismo tiempo, que seamos capaces de navegar en medio de los cambios y los baches o giros en el camino, viéndolos como elementos que nos ayudarán a crecer.

Inclina tu vida ante el dador de sueños, escucha con delicadeza la voz de Dios. No te frustres con planes personales que seguramente no traerán el éxito y la realización reales. Aun mejor, eleva tu corazón al Señor y pregúntale: «¿Cuál es tu plan?», y enfócate en atender a su respuesta.

«Puedes hacer todos los planes que quieras, pero el propósito del Señor prevalecerá» (Proverbios 19.21, ntv).

Mantenerse enfocado en una visión suena más fácil de lo que realmente es, pero produce más resultados de lo que realmente se cree.

Capítulo 7

Relaciones:
ellos medirán tu liderazgo

¡Estamos rodeados, están por todas partes, en nuestras casas, nuestras oficias, en la iglesia y hasta en la calle! ¿Quiénes son? Muy sencillo: las personas.

Estamos tan acostumbrados a estar rodeados de gente desde que nacemos que muchas veces perdemos de vista la importancia de nuestras relaciones. Damos por sentado a las personas y no estamos apercibidos de que son de mucho valor. Las relaciones nos brindan los vínculos afectivos y personales que nos ayudan a desarrollarnos y mejorar. Las personas que no están vinculadas saludablemente con otras tienen serias dificultades en su maduración y crecimiento como individuos en todos sus ámbitos. Lógicamente esto traerá serias limitaciones al ejercicio de su liderazgo.

Si estás leyendo este libro es porque alguna vez alguien te enseñó a leer. Más aun, alguien te dio a luz, alguien te alimentó, alguien alguna vez hizo algo por ti. Por mal o bien alguien lo hizo y no debes perder de vista esto. Entender lo que esto engloba podría brindarte una mejor perspectiva hacia las personas y las relaciones.

Algunos han tenido pésimas relaciones incluso desde la raíz más profunda que es la familia. Padres o madres ausentes, violentos, con incapacidades o desconocimiento para criarlos adecuadamente. Otros han vivido experiencias de traición, rechazo, decepción o desatino en sus relaciones sentimentales o de amistad. Esto puede haber provocado dolor o heridas que permanecen abiertas, pero es tiempo de perdonar, de seguir adelante, para que puedas ser realmente feliz y vivir tu liderazgo con eficacia. Quizá tu experiencia no ha sido del todo positiva en lo que respecta a las relaciones, pero la manera de manejar las relaciones es un asunto central para obtener los mejores resultados en nuestro liderazgo. Hablando de liderazgo en el más puro de los sentidos y en su esencia más profunda, todo lo que hacemos es por la gente, con la gente y para la gente, o al menos debería ser así. El egoísmo es una pésima práctica que sale de lo más profundo del corazón de una persona que ha crecido con serios problemas de vinculación. El egoísmo no va a llevarnos a ningún lugar que valga la pena ir. El liderazgo gravita en torno a las relaciones. Todo lo que el buen líder hace se mueve hacia el bien de la gente. Añadirle valor a la gente es la meta personal más alta de alguien que vive su liderazgo.

No puedes liderar plenamente si no te puedes conectar saludablemente. Al tener dificultades para generar nexos sólidos con las personas que te rodean, estarás imposibilitado para influir a plenitud en ellas. Existirán barreras de tu parte que te impedirán entregar lo mejor de lo que tienes. Los talentos, dones y capacidades que posees te fueron dados para el beneficio conjunto, es decir, el tuyo propio y el de otras personas. Ser un líder no es ser simpático, puedes ser muy carismático e influir pobremente en otros. Mucha gente es simpática, pero por dentro están muy deterioradas. Solo son simpáticas porque desean o necesitan la aprobación de los demás. Quiero hacerte una pregunta: ¿de dónde brotan tu sonrisa y simpatía? El liderazgo es una condición del corazón y ser amable no basta. Es imperativo tener calidad interna para llevar lo mejor a otros. Sin embargo, ser simpático y carismático es algo muy bueno. No tengo nada en contra de ello; solo digo que eso no representa lo que es liderazgo.

«La gente hace lo que la gente ve». Esta es una vieja y cierta premisa en el liderazgo y en la familia, por ello un buen líder debe ser considerado en sus actitudes, conversaciones y decisiones. Tu familia y tu equipo serán el reflejo del comportamiento de quienes sean más influyentes en ella. De igual forma funciona en todos los ámbitos o esferas del quehacer cotidiano. El liderazgo es modelaje y el líder se conecta con otros con su vida, su mente y sus emociones. Si lo hace saludablemente tendrá buenas relaciones con la gente, de lo contrario no. Nuestra relación con la gente es una mezcla, cada una de las partes lleva lo mejor y lo peor de sí a un punto de común unión y desde ahí se genera el nexo. Por lo tanto, es menester que llevemos de forma intencional lo mejor de lo que tengamos para que ese punto de encuentro sea el mejor posible.

En asuntos de liderazgo, se trata de la gente, siempre se trata de la gente.

Si no puedes sentir con la gente, no puedes amarla.

Si no puedes pensar en la gente, no puedes ayudarles a mejorar.

Si no puedes incluir a la gente en tu vida, estarás desconectado y por ende, no puedes entregar de lo que tienes.

Si todo lo anterior es cierto, entonces no puedes vivir bien tu liderazgo.

Toda relación saludable y su desarrollo requieren reciprocidad. Lógicamente, no todas la ofrecen en el mismo nivel, alguna gente te dará más que otra y a otra gente tú le darás más que otros. Es importante tener claro qué rol vas a jugar en cada relación y tener un equilibrio respecto a ello. No debes rodearte de personas a las que todo el tiempo tengas que darle porque te vas a secar y te agotarás. Cuídate mucho de las relaciones de alto mantenimiento, generan muchísimo desgaste emocional. Tampoco debe ser al contrario, estar en relaciones donde solo recibas porque entonces te convertirás en un aprovechador. Aunque es difícil conseguir un equilibro en esto del dar y recibir, lo cierto es que si no existe dicho equilibrio terminaremos heridos o hiriendo a otros. La clave en este asunto es tener claridad de cuál es tu papel conforme a tu elección y a los principios saludables para no ser víctima ni victimario. No obstante, en cualquiera de los casos, tu deber es dar lo mejor y expresar lo que necesitas y esperas de los demás. Las relaciones funcionan mejor cuando nuestro enfoque está hacia el otro y no en nosotros mismos y nuestra necesidad, aunque tampoco serán saludables si solo entregamos sin recibir nada a cambio.

Relación es conexión; conexión es unión, interacción, cercanía. Las conexiones requieren compatibilidad, requieren ajustes y requieren confianza.

Compatibilidad: es la capacidad de funcionar de manera conjunta, es decir, llevarse bien en el mismo entorno. Si alguien no te simpatiza difícilmente podrás lograr esto. Debes buscar los puntos en común y mirar las virtudes en los demás por encima de sus defectos para alcanzar un buen funcionamiento juntos. También es importante la amabilidad y el respeto porque solo mediante ellos se puede alcanzar la armonía relacional. El consejo es que busques puntos en común, temas que los hagan vincularse de manera más natural por la compatibilidad que tengan en criterios o perspectivas.

Ajustes: cada persona es diferente, por lo tanto en cada relación que entablemos habrá asuntos en que seremos distintos, como temperamento, personalidad, costumbres y perspectivas de la vida. Estos son elementos muy particulares del individuo o grupo con quien nos estemos vinculando y esos son los detalles que precisamente debemos cuidar. Al viajar es increíble cómo puede notarse esto, incluso lo profundo que afecta la cultura de una región la manera de ser de las personas. Las relaciones requieren tacto y cuidado con respecto a las creencias y maneras de ser de otros. De igual manera, se requiere tolerancia para sobrellevar los asuntos en los que no se sea totalmente compatible. Lo bueno en todo esto es que así como hay elementos diferenciales, también hay muchas cosas generales en común con la mayoría de las personas, lo cual hace que cada relación no sea agotadora, sino que sea una excelente oportunidad de exploración para el crecimiento. En este sentido, la paciencia y la tolerancia estarán entre los elementos de mayor valor para generar vínculos estrechos y fuertes con otros, porque estas nos ayudarán a resistir el proceso de ajustarnos.

Por ejemplo, los acercamientos estratégicos nunca son vanos en el liderazgo. De hecho, son muy necesarios. En oportunidades debemos ceder espacios para ganar aliados sin comprometer nuestros principios y valores, pero sí flexibilizando la tensión entre las diferencias de tal manera que hagamos los ajustes necesarios para generar mayor compatibilidad.

Confianza: es necesario confiar en la otra parte para poder conectarte. No te vincules cómodamente a algo o alguien con quien no sientes la afinidad y la confianza para expresarte y mostrarte. Esto empieza por la autoconfianza. Si no puedes confiar en ti mismo no pretendas generar un espacio de confianza con otros. Confía en ti y así confiarás en otros. La gente que es sumamente desconfiada vive llena de inseguridad personal, lo cual les lleva a ser autosuficientes, aislados e impersonales. Para que las relaciones funcionen de manera adecuada se necesita exactamente lo contrario. Generar confianza es un asunto central al momento de vivir tu liderazgo. Para influenciar efectiva y plenamente en otro primero debe existir un piso de confianza sobre el cual pararte. Esto puede tomar tiempo en construirse, pero sobre todo requiere que tus acciones reflejen confiabilidad. Lógicamente estas lo reflejarán en la medida en que tú interiormente seas confiable.

Como el liderazgo gravita hacia las relaciones, se mueve hacia ellas, podemos entender que justamente serán nuestras relaciones las que al final medirán nuestra calidad y eficacia como líderes. En nuestras relaciones se verán los resultados de toda nuestra intencionalidad de vivir nuestro liderazgo. Nadie puede pretender ser soldado de su propio ejército. Hay quienes equivocadamente se evalúan a sí mismos como excelentes líderes, pero la opinión de quienes les rodean o trabajan con ellos es que son pésimos. Por lo general en esos casos las personas tienen razón porque son ellas quienes tienen que soportar y vivir con el individuo en cuestión. Ellas saben bien si se sienten influenciadas por dicho líder o si por el contario sienten poca afinidad o incluso rechazo por sus prácticas y persona.

Claves para sacar lo mejor de nuestras relaciones en el liderazgo

DISFRUTA: pasar un buen tiempo es una de las mejores maneras de estrechar una relación

No tenemos idea de lo importante que es pasarla bien con las personas hasta que nos toca pasarla mal con ellas. Hay quienes, por su actitud y conducta, realmente hacen difícil que podamos reírnos. Si queremos cultivar buenas relaciones definitivamente debemos aprender el arte de sacarle una sonrisa a otros y por supuesto, el de regalarles una. Tratemos de tener una actitud amable y dispuesta. Donde sea que estés, recuerda que puedes obtener más de tus relaciones si procuras que los momentos juntos sean agradables.

INSPIRA: dale esperanza

Inspiramos a otros con nuestros actos y con nuestras palabras. Podemos ser grandes motivadores catalíticos o grandes desalentadores catastróficos. La actitud con la que encaremos nuestras relaciones será determinante en la cantidad de inspiración o destrucción que inyectemos en la gente. Te pregunto: ¿alguna vez te has sentido mejor luego de estar con una de esas personas que señala todos los defectos que ya bien sabes que tienes? Creo que la respuesta es un rotundo ¡No! Esa persona que te saluda e inmediatamente critica algo en tu aspecto, tu ropa, tu trabajo, tu familia o lo primero que se le ocurra con tal de señalar algo negativo. En lugar de llevar el grato aroma de la inspiración parecieran portar el desagradable olor de la transpiración.

Proverbios 12.18 dice: «Hay hombres cuyas palabras son como golpes de espada; mas la lengua de los sabios es medicina» (RVR60). Solo hay dos clases de personas. Las que hieren, dañan, mutilan con sus palabras, o las que brindan alivio, consuelo y renovación al hablarles a otros. Tenemos que elegir a cuál grupo perteneceremos. Ser alguien que trae alivio con sus palabras no implica ser lisonjero o adulador. A menudo la medicina no sabe muy bien, pero es necesaria para sanar, por lo que en oportunidades tendremos que decirle cosas a alguien que será como esa medicina amarga pero sanadora para su vida. Cuando este sea el caso, hazlo en privado y con los cuidados necesarios. No creo que te parezca agradable operarte o hacerte algunos tratamientos, el médico no quiere herirte o dañarte, pero tienes que hacerlo para que estés bien. Del mismo modo, en circunstancias específicas no queremos herir o dañar a otros, pero necesitamos tocarle algunos asuntos, aunque debemos hacerlo de la mejor manera.

Recuerdo con claridad el día que decidí salir a la calle a correr por primera vez. Era un domingo a las siete de la mañana, todo estaba solo y ahí venía yo, haciendo un gran esfuerzo. Rápidamente empecé a sentir el peso de estar haciendo esa actividad por primera vez. En eso venía un indigente, caminando y cantando una canción con una botella de licor en su mano. Cuando pasé por su lado me sorprendió lo que dijo: «¡Ey, sigue así, vas bien!». Jamás esperaría que me dijera algo así. La inspiración puede encontrarse en cualquier lado. El comentario de este vagabundo me pareció gracioso e inspirador. Un buen estímulo es tener a alguien que te dé una palmada en el hombro, pero es aun mejor ser quien se la da a otros. Las personas tienen problemas y tensiones latentes, lo menos que necesitan de ti es más de lo mismo. Ellas requieren inspiración, saber que van a poder superar las situaciones presentes, que son de valor, que tienen virtudes y que tú las ves. Conviértete en un comunicador de buenas noticias y del buen ánimo, y bríndalo a las personas cada día. Los líderes inspiran a otros a hacer algo bueno con lo que tienen. Empezando con lo más elemental: su propia vida.

PROTEGE: da seguridad a las personas

Un día estábamos armando una obra de Navidad en la iglesia y había un muchacho subido en una escalera, el lugar estaba con muchos otros colaboradores, y de repente se resbaló cayendo poco a poco de la escalera hasta que llegó al piso. Solo un amigo y yo lo veíamos, nadie más se había dado cuenta. Fue tan gracioso para nosotros que soltamos la carcajada, los demás voltearon a ver que el otro se había caído y fue un momento vergonzoso para él. Reírnos así no estuvo bien de nuestra parte, a veces tenemos que hacer menos bulla cuando le pasa algo a alguien y ayudarle porque quizá por el ruido que manifestamos otros hacen leña del árbol caído.

Protege el buen nombre, la integridad y cuida las posibles oportunidades de otras personas. Pensar en las personas y su bienestar no implica encubrir sus faltas, pero sí no andarlas exponiendo o avergonzándolas, implica tratarlas con el tacto necesario. Al percibir las fallas en alguien lo que debemos hacer es lo que manda el apóstol Pablo en Gálatas 6.1: «Si alguien es sorprendido en pecado, ustedes que son espirituales deben restaurarlo con una actitud humilde. Pero cuídese cada uno, porque también puede ser tentado» (NVI). Por el contrario, lo que muchas veces se hace es exponerle, vituperarlo y encima justificarse diciendo que fue por una buena causa, que se merecía el oprobio.

He tenido que observar con mucho dolor el deplorable espectáculo que se da cuando un líder, refugiándose en «una buena causa», destruye a otras personas. Difícilmente podamos hallar algo más indigno que un líder haciendo leña del árbol caído, esto es algo muy desdichado y una práctica muy inapropiada.

Debemos con nuestra actitud y acciones hacer sentir a la gente que con nosotros se encuentran en una zona segura. Esto requiere de nuestra parte prudencia, sensatez, buen juicio y comprensión. Esto les dará a las personas la oportunidad de mostrarse tal como son y de este modo podremos entrar más profundo en sus vidas para influenciar en ellas de modo más eficaz. Se sentirán felices de acompañarnos en nuestra ruta de liderazgo porque saben que podrán estar confiados y libres de la incertidumbre.

GUÍA: da de tu experticia

Algo de lo que sabes hacer les debe servir a los otros para algo bueno. Debes estar presto para ponerlo a su servicio. Dada la idea básica de que no podemos hacerlo todo ni hacerlo bien en todas las áreas, siempre estaremos necesitando las capacidades o la competencia de las personas. Hay áreas de tu conocimiento, que puestas a disposición, pueden ser de utilidad para que otra persona llegue más lejos o esté mejor de lo que hoy se encuentra.

Mateo 15.14 dice: «Si un ciego guía a otro ciego, ambos caerán en un hoyo» (NVI), pero ¿qué sucede cuando alguien que ve bien, guía a alguien que no ve? Seguramente el que no ve podrá llegar donde quiere ir porque uno con mayores capacidades lo guio hasta su destino. La misma idea se aplica al liderazgo. En esas cosas que tienes pericia debes tomar a otros menos diestros y guiarles para que puedan lograr lo que de otra manera no lograrían o para que lleguen antes de lo que normalmente lo harían. Además, debes reconocer que alguien tendrá que hacer lo mismo contigo.

El liderazgo tiene que ver con movilización, el líder mueve a otros hacia mejores lugares. Pero no puedes tener una movilización eficaz si no sabes bien hacia dónde vas. ¿Cómo podrás inspirar o servir a otros a moverse si andas perdido, sin sentido o sin rumbo? Mi amigo Byron tiene muchas virtudes, pero casi siempre se las arregla para perderse al buscar alguna dirección. Nos reunimos a menudo para ir juntos a algunos sitios o comer. Por lo general cada vez que nos vemos su esposa y yo, hacemos chistes al respecto porque siempre de alguna manera Byron termina llegando al sitio donde no es. Créeme, cuando necesito saber la dirección de algún lugar él está en el último lugar entre mis candidatos para preguntarle. En cambio, en otras cosas está entre los primeros lugares. No puedes llevar a alguien adonde no has ido, pero sí puedes ser de mucha ayuda a otros en áreas donde sabemos bien qué hacer. Teniendo claro tu rumbo puedes ayudar a otros a demarcar el de ellos.

Sin embargo, ten cuidado al hacer esto pues hay personas que no quieren recibir orientación. Vigila a quién le das consejo, sobre todo trata de participar donde te lo pidan o donde veas que tienes la autoridad para hacerlo. Evita pasar por necio o hastiar a las personas. Recuerda que cada persona tiene su forma particular de hacer las cosas y de conducirse.

DESARROLLA: da oportunidades

Hay muchas maneras de darles oportunidades a otras personas: enseñándoles lecciones de vida, dándoles conocimiento en lo que sabes hacer, conectándoles con tus relaciones. Simplemente observa algo en lo que puedan destacarse o funcionar y bríndales la oportunidad de crecer. Los líderes deberían ser parte importante del puente entre la potencialidad y la cristalización de esta. No temas brindar oportunidades a otras personas.

Un buen líder sabe hablar con claridad a las personas, sabe mostrarles la visión o el espacio de oportunidad que ellas tienen. Y una vez que han tomado esa senda, el buen líder también sabe guiar, exhortar, corregir o animar a las personas para que la aprovechen al máximo. Desarrollar no solo se trata de darle algo a alguien para que vea cómo lo usa, se trata de dedicarse y trabajar codo a codo con esa persona para que pueda sacar el máximo provecho. A manera de ejemplo, si ayudas a alguien a conseguir un empleo no quiere decir que lo estás desarrollando, quiere decir que le conseguiste una oportunidad. Desarrollarlo implica llamarle, constatar cómo le va, darle sugerencias para su éxito y guiarle en su mejoría. A lo largo de los años he visto como otros líderes me han dado la mano y han creído en mí, dándome la oportunidad y un voto de confianza para mi propio desarrollo.

¿De qué tamaño es el impacto que deseas crear? Sea a nivel local, estatal, nacional o mundial, no importa el tamaño, siempre empieza en ti.

INTIMIDAD: da espacio

Un buen líder sabe que le dieron dos oídos y una sola boca por una buena razón: para que escuche más de lo que habla. La Biblia afirma: «El que es entendido refrena sus palabras; el que es prudente controla sus impulsos. Hasta un necio pasa por sabio si guarda silencio; se le considera prudente si cierra la boca» (Proverbios 17.27–28, NVI).

Para construir una intimidad apropiada con las personas dentro del marco del respeto y de lo que es correcto, debemos aprender a escucharlas. Sola así podremos conocerlas realmente. Las personas necesitan ser escuchadas y necesitan saber que lo que te están diciendo es respetado y guardado en confidencialidad. De igual manera, los más cercanos a ti tienen el derecho a saber qué piensas, qué planeas y cuáles son tus perspectivas más profundas. Cuando tu influencia crece, la gente confía en ti cada vez para más cosas y merecen de ti respeto y reciprocidad. Jesucristo es el perfecto ejemplo de intimidad. Él era seguido por multitudes, literalmente miles se agolpaban para escucharlo y caminaban detrás de Él por todas partes. Sin embargo, el Señor seleccionó un grupo de doce para formarlos más directamente, dejándoles saber lo más íntimo de su corazón, explicándoles sus enseñanzas de una manera que no hacía con el resto. Les brindó un espacio y posibilidades que solo estaban reservados para los más cercanos. Aun dentro de ese grupo tomó a tres con los cuales compartía aun más.

Todos tenemos momentos que recordamos con mucho valor, que marcan nuestro andar. Yo en lo particular recuerdo con claridad las múltiples y largas caminatas con mi papá. Cada cierto tiempo, él me decía que lo acompañara a caminar. Hablaba durante horas conmigo. Esos momentos fueron muy valiosos para mí pues me dio grandes lecciones de vida, pero sobre todo afianzaron muy profundamente una sensación de intimidad y vínculo especial con él. Era «nuestro tiempo», y eso es memorable para mí.

Los momentos de intimidad por lo general representan en el liderazgo momentos donde nos vaciamos, donde transferimos lo más esencial, momentos en los que el modelaje se hace profundo y el vínculo cobra solidez.

UTILIZA BIEN EL HOMBRO: da lo bueno de tu experiencia

Probablemente alguna vez te han dicho: «Tienes mi hombro si necesitas llorar» o algo parecido, pero nada mejor que ver esa frase puesta en acción.

Todos hemos acumulado experiencias de diversa índole y muchos tenemos seguramente alguna historia que contar que puede servir para aliviar, alentar o reanimar a otros. Debemos aprender a usar bien el hombro, es decir, a disponernos a consolar a los demás. Nuestras experiencias no deben ser en vano, deben ser escuelas que nos enseñen lecciones a nosotros, pero que también nos preparen para consolar y levantar a quienes se encuentren atravesando diversas situaciones. Los líderes entienden que estar disponible para una persona en los momentos más difícil, es de gran valor. Esa compañía o presencia es lo que le hará saber a las personas que realmente estamos para ellas y que nos preocupamos de forma genuina.

Quizá no se aplica a todas las etapas de una relación, pero seguro aplicará a todas las relaciones en algún momento, ya que la vida pasa por buenos y malos momentos. Nuestra función en esos malos momentos será la de consolar a las personas en sus situaciones dolorosas, reanimarlas dándoles esperanza, ayudarlas a conseguir la suficiente fuerza para levantarse y hallar el aliento para seguir adelante.

«Dios de toda consolación, quien nos consuela en todas nuestras tribulaciones para que con el mismo consuelo que de Dios hemos recibido, también nosotros podamos consolar a todos los que sufren» (2 Corintios 1.3–4, NVI).

Si alguna vez precisaste de consuelo es porque pasaste un momento de gran necesidad en el aspecto emocional, así que ya conoces el valor que tiene el hombro de alguien dispuesto a apoyarte.

AYUDA: da de lo que tienes

La bondad del corazón se revela en nuestra capacidad de dar y entregar a otros de lo que tenemos para que ellos estén mejor.

Ayudar es una manera infalible de conectarnos con otras personas. A la gente le gusta y necesitan saber que son importantes. Esto afianzará o renovará su valoración personal. La mejor manera de hacérselo, saber es ayudándolas, enfocando nuestros recursos en la resolución o atención de alguna situación que esté siendo complicada para ellas. Ayudar no es dar de lo que nos sobra, es dar lo mejor. Nada que esté en mal estado, venga con mala actitud o esté incompleto es digno de ser dado a otros. Recuerdo un día que subí corriendo las escaleras del edificio para llevarle a una prima un pastel de queso que iba en una bandeja cuadrada, pero me resbalé y la torta rebotó en la pared y fue a dar al piso. Una vez más decidí resolver la situación, recogí el pastel, lo acomodé de nuevo en la bandeja y seguí adelante con el cometido de hacer la entrega y de hecho, la hice. Quizá lo anterior te cause risa. Fue una mala decisión de adolescente que podría resultar gracioso para nosotros, pero seguro para ella no lo será mucho, así como tampoco es nada gracioso o aplaudible cuando le damos a otros de lo que nos sobra o, peor aun, cuando lo que le damos en lugar de ayudarles logra empeorar su situación.

¿Podremos conectarnos bien con otros al mismo tiempo que somos mezquinos o egoístas? Sencillamente es imposible. No hay escenario posible en el que las buenas relaciones y el egoísmo se conjuguen. Negarnos a hacer el bien es algo que estaría muy mal de nuestra parte. Debemos disponernos a ser de más ayuda al tender la mano a los que están en necesidad de cualquier índole. «No te niegues a hacer el bien a quien es debido, cuando tuvieres poder para hacerlo. No digas a tu prójimo: Anda, y vuelve, y mañana te daré, cuando tienes contigo qué darle» (Proverbios 3.27–28, RVR60).

¿Has experimentado saber que necesitas algo que otra persona tiene y sencillamente no quiso ayudarte? Es indignante, degradante y frustrante. No hagas que otros vivan esa experiencia desagradable, mantente presto para tender la mano.

Las personas tienen carencias y la mejor manera rápida de influir sobre ellas es atender sus necesidades, no por interés, sino porque se está genuinamente interesado en ellas. Ayudar a otros marca el corazón de quienes nos rodean y lo inclina hacia la bondad. Hay algo que nunca olvidaré, sucedió cuando tenía como ocho o nueve años de edad. Durante algún tiempo un niño de los que andan por la calle tocaba los intercomunicadores de los apartamentos del edificio donde yo vivía. Pedía algo de comer. Recuerdo que muchas veces mi mamá (que es la persona más desprendida que conozco) le abría la puerta para que subiera y lo sentaba a almorzar conmigo. No recuerdo su nombre, pero sí su rostro y su agradecimiento. Para mis adentros me preguntaba por qué yo sí tenía comida y aquel niño no. Nunca tuve respuesta a esa pregunta, pero sí aprendí otras cosas. Aprendí de forma práctica lo que siempre me habían enseñado, que todos somos iguales, que tenía que darle a otros que están en necesidad y que

tenía que darle lo mismo que yo comía o vestía, tenía que sentar-
los en mi misma mesa, tratarlos con dignidad. Ayudar no solo es
cubrir una necesidad, es brindar dignidad al que está necesitado.

Vi cientos de veces a mi mamá y a mi papá ayudando a
pobres y menesterosos o a ricos en apuros. Ayudaban a quien
fuera con lo que fuera, no siempre es comida o ropa lo que otros
necesitan, a veces es una llamada, un favor, un puente de relación
o una oración. Esto es lo que aprendí en mi casa, lo que veo en
la Biblia y creo sinceramente que es la manera más alta de vivir.
Ayudar a otros de forma desinteresada es la mayor satisfacción
que puedes almacenar en tu corazón y, adicionalmente, seguro le
sacas una sonrisa a Dios. Eso sí, que tu mano derecha no sepa lo
que la izquierda hizo.

No sé si habrás notado que en cada punto se repite la palabra «da». En ningún caso existe alguna expresión que te invite a
tomar algo de otra persona. Nada crea una marca más profunda que la entrega que podamos tener para con la gente que nos
rodea.

La otra cara de la moneda

Amar y valorar a las personas, pasar tiempos memorables con
ellas, generar vínculos poderosos y de crecimiento es solo una
parte del asunto. La verdad es que no se puede hablar de relaciones y dejar por fuera los conflictos, las diferencias y las tensiones. La mejor recomendación que he visto respecto a esto está en
la Biblia: «Si es posible, y en cuanto dependa de ustedes, vivan
en paz con todos» (Romanos 12.18, NVI). En este sentido quiero
darte algunas sugerencias al respecto:

Valora y respeta las diferencias

No todo el mundo es igual a nosotros, esto es muy interesante
porque genera complemento. Aquello en lo que yo no soy bueno

puede que alguien sí lo sea y viceversa. Todos tenemos áreas de fortalezas y de debilidades. La idea es complementarse. Pon tus fortalezas al servicio de otros y permite que otros te sirvan de apoyo en tus debilidades.

También se debe tomar en cuenta que cada quien piensa de forma diferente y no importa cuán diferente sea a nuestra manera de pensar, esto no nos da el derecho de violentarles o pretender presionarles al punto de que lleguen a pensar igual que nosotros. Esto por lo general genera una gran incomodidad en las personas y trae consigo el rechazo. Debemos ser respetuosos de los criterios de las personas y no coaccionarlas. Es muy inapropiado pretender imponer nuestros criterios sobre los demás. Tú tienes tu forma de ver las cosas y yo las mías. No tengo derecho de aplastarte y traspasar las barreras para obligarte a que veas lo que estoy viendo. Insisto en algo que ya mencioné: diferir no es irrespetar. El líder sabe comprender las diferencias, respetarlas y, en la medida de lo posible, cristalizarlas.

Hay una diferencia entre coartar, obligar, manipular y persuadir. Un líder puede ser persuasivo para llevar a las personas a tener una mejor perspectiva sobre un asunto, esto es algo que está dentro de los límites de lo que es bueno. Cuando se incluye la mentira o el querer obligar a las personas, ya pasa a ser manipulación y para nada está bien. Si por ejemplo queremos convencer a alguien de un punto de vista distinto al que tiene, tomemos en cuenta lo que dice Proverbios 25.15: «La paciencia calma el enojo; las palabras suaves rompen la resistencia» (DHH).

Reconoce cuándo dar un paso atrás

Hay relaciones que en cierto momento necesitan espacio para que funcionen mejor. Esto es algo común en el ámbito laboral, son personas con las que estamos día tras día y esto puede generar roce y fricción, colocándonos en una posición de vulnerabilidad.

Podemos detectar esto cuando empezamos a sentirnos incómodos alrededor de ciertas personas o cuando comenzamos a reaccionar en nuestras actitudes hacia ellas. Por lo general, las personas saben identificar cuando algo no anda funcionando muy bien o se ha tornado extraño o incómodo en sus vínculos relacionales y necesitan un respiro. Cuando esto sucede lo mejor que podemos hacer es momentáneamente dar un paso atrás para tomar aire y refrescarnos. De este modo nos oxigenamos y retomamos la relación de la mejor manera posible. Hacer esto es como darse un espacio para tomar aire. Si estamos en una relación que deseamos que se mantenga quizá nos ayuda oxigenarnos de ciertas situaciones que podrían estar siendo asfixiantes. Antes de ahogarnos, es mejor abrirse espacio para respirar mejor.

Establece límites (propios y ajenos) y respétalos

Dicen que «cada cabeza es un mundo», por lo tanto, cada relación es una maravillosa oportunidad de explorar y conocer cosas que ignoramos por completo, así que vamos a manejarlas con la prudencia y el cuidado necesarios.

Hay aspectos en las vidas de otras personas en los cuales no debemos entremeternos, por más confianza que tengamos con ellas, por cercanía o profundidad de la relación. No podemos olvidar que en principio cada quien es un ente individual y por lo tanto, tendrá sus particularidades. Al mismo tiempo, hay cosas en las que no podemos permitir que otras personas se metan, barreras que no deben ser traspasadas. Tenemos que saber manejar a las personas que se extralimitan, que son incisivas y que tienen demasiada intensidad en su manera de vincularse, porque pueden desgastar nuestra paciencia. Recomiendo leer el libro *Límites*, de Cloud y Townsend, donde se dan excelentes consejos en este sentido y en otros aspectos más. Les digo que todo funciona mejor cuando establecemos límites claros en nuestras vidas y relaciones. Pero establecer límites no es aislarse, cerrarse o cosa parecida, simplemente es saber dónde empieza y termina todo, y hasta dónde puede llegarse o no. Los líderes comprenden los terrenos y lo delicada que es la confianza que la gente les ha brindado. Por ello maneja esto de los límites con mucho tacto. Por ejemplo, para una persona de influencia puede ser muy fácil llegar a manipular a otros traspasando sus límites personales. Por ello es un área donde se debe tener sumo cuidado.

¿No es cierto que cuando ciertas personas traspasan ciertos límites nos sentimos invadidos? Es una sensación bastante incómoda, así que aprendamos a reconocer hasta dónde le podemos dar acceso a la gente y hasta dónde podemos caminar en sus vidas.

Sostén conversaciones saludables

Toda buena relación está llena de conversaciones saludables. De vez en cuando es necesario sostener ciertas conversaciones que pueden ser confrontadoras, pero que van a servir para limpiar el terreno. Liderar nuestras relaciones va a requerir sostener muchas conversaciones de este tipo. Cuando se estén presentando recurrentemente situaciones inapropiadas o que te incomoden, habrá llegado el tiempo de tener una buena conversación. Aquí te doy algunas recomendaciones:

En primer lugar, asegúrate de sobrepasar tu propio enojo o incomodidad porque si no vas a ir en una mala posición a dicha conversación.

En segundo lugar, aclara tus ideas y expectativas. Está bien seguro de qué es lo que te molestó o incomodó y cuál es la solución o expectativa de cambio que esperas al respecto. Es de valor entender el hecho de que porque algo sea importante para ti, no quiere decir que sea importante en la misma medida a la otra parte. De modo que enfócate en lo que tú estás sintiendo, no en lo que el otro debería sentir.

En tercer lugar, ten claro el propósito de la conversación. El propósito de este tipo de conversaciones es arreglar la relación, no descargarte. Si no tienes intención de que la relación mejore o sane, ahórrate las palabras porque podría terminar siendo peor.

En cuarto lugar, ten cuidado con las expresiones. Recuerda que tienes una situación que atender con las actitudes o actos de una persona y no con la persona como tal, debes tener suficiente sabiduría como para separarlos y hacerle saber a la persona que sigue teniendo un gran valor para ti.

Cuando se menciona la palabra «confrontación», inmediatamente la gente imagina pleito y no es así. Los líderes saben reconocer que hay una diferencia entre conversar saludablemente para confrontar y discutir pleitistamente. Conversar saludablemente para confrontar y hacerlo para contender son cosas diferentes. La primera tiene un claro propósito restaurador, la segunda tiene un claro despropósito. La primera vale la pena, la segunda no. Proverbios 17.14 afirma: «Iniciar una pelea es romper una represa; vale más retirarse que comenzarla» (NVI). Ser un bravucón no tiene ningún sentido, es problemático, más bien debemos procurar ser pacificadores. Reconozco que es más fácil decirlo que hacerlo, sobre todo para personas más volátiles, pero indiscutiblemente la paz siempre será mejor que cualquier conflicto y para encontrar dicha paz muchas veces necesitaremos sostener conversaciones difíciles, pero sanadoras. Es un hecho probado que se pueden sostener conversaciones de este tipo sin terminar enemistados.

Conoce cómo desvincularte

Lamentablemente siempre encontraremos relaciones perniciosas y tóxicas de las cuales tenemos que separarnos. Muchas veces esto va a doler y nos marcará. Muchas veces es algo que no queremos hacer, pero que nos toca hacer. Tomar la decisión requiere coraje y valentía, y pasar procesos de pérdida, pero a la larga traerá los mejores resultados. Esto no quiere decir desechar o despreciar a personas, solo implica hacer el espacio necesario entre ellas y nosotros.

La Biblia dice: «No se dejen engañar: "Las malas compañías corrompen las buenas costumbres"» (1 Corintios 15.33, NVI). Esta advertencia llama a no dejarse engañar, pero es algo común creer que ciertas relaciones nos influencian menos de lo que en realidad lo hacen. Muchas veces, lamentablemente, no nos damos cuenta de ello hasta que es demasiado tarde. Es cierto que nadie obliga a nadie a tomar ciertas decisiones, pero no es menos cierto que hay personas que hacen fuerte peso de influencia sobre el rumbo de nuestra vida. Un típico caso de estas relaciones son los chismosos, murmuradores, críticos tóxicos. Tú puedes quererlos mucho como personas, pero esos defectos en su carácter hacen difícil que puedas mantener un vínculo saludable con ellas, pueden hacerte mucho daño. También están las que toman malas decisiones y pretenden llevarte a que te lances por su barranco, debes tener cuidado y delimitar su influencia.

Otro asunto es algo de lo que no se habla mucho y es que uno mismo puede ser una relación perjudicial para otros. Aunque siempre se expone lo contrario, pero no es menos cierta esta posibilidad. Puede darse el caso de que seas la muleta emocional de alguien y dicha persona ha desarrollado una dependencia malsana y necesites desprenderte para que aprenda a caminar por sí sola. Quizá una persona necesita separarse de tu liderazgo porque de lo contrario siempre vivirá opacado bajo tu sombra. Debes dejarla ir y si no quiere, debes generar las circunstancias para que esto sea así. O quizá sea el caso de que una brecha en tu carácter pueda estar afectando a otros. Es sabio ponerse a un lado, resolver el asunto y luego tratar de renovar las relaciones. Por esta y otras varias razones de peso es bueno saber desvincularnos.

Recuerda que no eres perfecto

Si tienes presente este punto vas a tener mucha delicadeza en el trato con otros. Debes procurar con diligencia ser humilde y recordar tus propias imperfecciones, ya que esto te ayudará a tratar con delicadeza a las personas y a tolerar sus fallas. Efesios 4.2 dice: «Sean siempre humildes y amables. Sean pacientes unos con otros y tolérense las faltas por amor» (NTV).

Recuerdo estar en Maracaibo en una rueda de prensa en la que el cantautor y pastor Marcos Witt vino a dar un concierto en la ciudad. Un pastor se puso de pie y le preguntó: «¿Qué me dirías a mí como pastor?». Él le respondió: «No te lo diría a ti, se lo diría a todos los pastores. Recordemos que las ovejas son ovejas de su prado (refiriéndose a Dios), no de nuestro prado. Por lo tanto, tenemos que tratarlas con mucha delicadeza y elegancia».

Debemos ser tolerantes con otros, ellos lo son muchas veces con nosotros. Una buena manera de mostrar amor y cuidado es mediante la tolerancia, cuidando que nuestras respuestas no sean reactivas, sino para edificación, entendiendo que todos nos equivocamos de cuando en cuando y que hoy quizá nos toque tolerar la falla de otros, pero mañana les tocará a otros tolerar las nuestras.

Acepta la reconciliación

Todos nos equivocamos, así que todos en algún momento vamos a tener que disculparnos o pasar por alto las fallas de otros. Hagamos de la vida una carga más fácil de llevar y no nos enganchemos en rencores o dimes y diretes, sencillamente vayamos un paso más allá.

Para llegar al país llamado reconciliación debemos atravesar la frontera llamada perdón, sin este será imposible llegar. Aprendamos a reconocer nuestros errores, a pedir y a dar perdón, a ser misericordiosos con otros, así la vida será mucho más ligera. «Sean bondadosos y compasivos unos con otros, y perdónense mutuamente, así como Dios los perdonó a ustedes en Cristo» (Efesios 4.32, NVI).

Vive su liderazgo aquel que ha sacado su enfoque de sí mismo y ha encontrado inspiración haciendo subir a otros a la cima.

El gran punto del liderazgo y las relaciones es: si ellos ganan, entonces tú ganas. ¡Vive tu liderazgo!

Capítulo 8

Acciones: grandes resultados

Antes de que un vehículo nuevo salga al mercado se prueban muchos elementos. Se hacen varias cosas para tener la mayor conciencia posible respecto a su capacidad, durabilidad y seguridad. Algo que vemos comúnmente entre los anuncios comerciales y revistas especializadas de los vehículos nuevos es los resultados de las pruebas, esto les da confianza a los futuros compradores y usuarios de dichos vehículos y habla de su calidad, así mismo cuando alguien está liderando se medirán sus capacidades y el resultado hablará sobre él.

Líder, serás probado. Todos los días de tu vida, en cada decisión y acción que tomes, serás probado y es mejor que apruebes. Eres visible y medible, por lo tanto, haz que tu vida sea una vitrina donde se exhiba la excelencia.

Vivimos en una época en la cual hemos hablado mucho del ser–hacer–tener. Soy de los que profeso que es de vital importancia transformar el ser para poder luego hacer y así terminar teniendo. En los capítulos anteriores hemos hablado sobre tu ser y sobre tu vida interior. Aquí quiero enfocarme en lo que haces, lo que hacemos, la manera como nos desempeñamos. Recuerdo claramente que alguien con quien trabajé cuando tenía solo veinte años de edad, me decía todo el tiempo: «Abraham, somos medidos por resultados». Hoy día estoy bastante convencido de que en realidad tenía mucha de razón. Gracias por esa lección, Jaime. La gente no puede comprobar nuestros «adentros», sino a través de lo que nuestros «afueras» les permiten ver. La actitud que tengamos hacia lo que hacemos influirá mucho. No puedes ser alguien que produce resultados excelentes con una actitud pesimista, desinteresada o de pereza. La pasión que arde en el corazón de una persona puede verse cuando está ejecutando una tarea, cuando está poniendo todo el corazón en lo que hace. Si quieres ver esto, busca en la Internet algún vídeo de Michael Jordan jugando en la época de oro de los Chicago Bulls y podrás comprender de forma práctica y palpable lo que te hablo.

Lo infructuoso jamás es neutral. Aunque no lo notes inmediatamente, a la larga producirá efectos negativos. Cuida tus acciones para que estas sean fructíferas.

Algún día, al final, tendremos que ver el marcador y nuestros resultados. No sé tú, pero no soy amigo de perder, ni juego para perder en la vida. No digo que siempre el marcador vaya a estar a nuestro favor, esto es imposible. Acepto que a veces se va perdiendo, que no todo lo que se desea puede obtenerse y en oportunidades una pérdida puede enseñarnos grandes cosas, pero de lo que hablo es de que no debemos resignarnos a la idea de jugar para menos que llegar a ganar todo lo que haya que ganar y quedarse con el trofeo. Intenta cada día sacar el mayor provecho a la oportunidad de la vida que tienes. ¡Sal a ganar!

«Y todo lo que te venga a la mano, hazlo con todo empeño; porque en el sepulcro, adonde te diriges, no hay trabajo» (Eclesiastés 9.10, NVI).

Empeño es el deseo intenso de hacer o conseguir una cosa, tener el tesón y la constancia necesarios para mantener el esfuerzo continuado hasta lograr la meta. Esto implica poner el corazón en lo que se está haciendo, no solo hacerlo por cumplir o llenar un requisito. Una marca común que he notado en las personas que tienen un desempeño mediocre es que todo lo que hacen solo lo hacen porque «les toca hacerlo», no tienen sentido de propósito ni entendimiento de la importancia de sus actos, por lo tanto, no dan lo mejor de sí y su respuesta no es la más adecuada.

Lo que hagas dejará una marca, la suma de tus respuestas y acciones genera tu impronta personal, es decir, aquello por lo que serás recordado y lo que abrirá o cerrará puertas para tu futuro. Esto afecta tus relaciones, tu trabajo, todo dentro y fuera de ti. Lo que tengas que hacer hazlo de la mejor manera posible porque pronto no tendrás la oportunidad de hacerlo más, la vida es una sola y lamentablemente, a veces se pierde la perspectiva.

Puede que seas uno solo, pero tú solo puedes influir de manera positiva. Vivir tu liderazgo implica vivir con un estándar por encima de lo común. Las personas que desean ser sobresalientes requieren tener un nivel de exigencia propia más elevado que el de las que se encuentran en el «promedio».

Quienes no están destacando su ejecución ni se encuentran comprometidos con la eficacia y la excelencia seguramente desarrollan sus tareas de alguna de las siguientes maneras:

Carentes de propósito
Carentes de pasión
Carentes de vocación
Carentes de diversión
Carentes de entrega
Carentes de detalles

Preguntas para tu reflexión y análisis personal:

- ¿Cómo son mis acciones diarias?
- ¿Cuáles son los parámetros bajo los cuales mido y evalúo mi desempeño?
- ¿Tengo un estándar de calidad?

Ya hay mucha gente que se conforma con «promedio». Tomemos un nuevo compromiso y coloquémonos un alto estándar, persigamos la excelencia y marquemos una diferencia.

Esta vida es muy corta como para hacer las cosas mal. Si vas a hacer algo, hazlo de la mejor manera que puedas. ¡Juega para ganar! Ponte un estándar alto, busca la excelencia. Tu tiempo pasa muy rápido para que te dediques a hacer lo que los demás quieren o para hacerlo de la manera que muchos lo hacen. Busca hacer algo que te apasione y te haga feliz. Encuentra tu vocación porque ella contribuirá a tu realización personal y plenitud. Lo que sea que hagas debes hacerlo excelentemente porque es importante. Todo lo que haces, si lo haces bien, con pasión, entrega, ética y dedicación, puede influir de manera muy positiva.

No te conformes con menos, tú fuiste hecho para más

¡Dile no al conformismo! Las frases típicas del conformista son: «Bueno, así ha sido siempre», «Mi familia siempre ha sido...

(pobre, sin instrucción, conflictiva, etc.) y así seguirá siendo», «Este (país, ciudad o gente) es así y ¿quién lo cambia?». La respuesta eres tú. En ti se encuentra el cambio, tú fuiste llamado a marcar la línea del antes y después. ¡Vive tu liderazgo!

Muchos se conforman con lo que están produciendo, en la cantidad y calidad de lo que están produciendo. No somos fábricas, pero igual generamos resultados, nos guste o no. Nuestra vida tiene frutos palpables y si nos conformamos con la mediocridad, de la mediocridad viviremos.

Sin embargo, una cosa es estar conforme y otra ser un conformista. El conformismo es el comportamiento de los que se pliegan a lo que les han establecido, incluso a circunstancias negativas, insatisfactorias o contrarias a sus convicciones. Quizá te preguntas: ¿no es avaricia el no conformarse? La avaricia es codicia; es avidez de riquezas, bienes materiales, el afán o deseo desordenado de poseer riquezas para atesorarlas. No conformarse es aspirar a más, estar convencido y claro de quién se es, basado en una identidad saludable y de saber que la mejoría es posible producto del trabajo arduo, hecho diligentemente y con excelencia.

¿Recuerdas la parábola de los talentos? De no ser así, te invito a leerla en Mateo 25.14–30. En ella el que buscó grandes resultados fue felicitado y promovido, mientras que el que se conformó con lo que le dieron y lo dejó de ese tamaño no le fue bien al final de la historia, no había ninguna prohibición de que tratara de hacer algo con lo que le fue dado, no hubo ninguna advertencia para que se quedara en su statu quo, por el contrario, la conversación final demuestra que lo que se esperaba era que no se conformara y buscara más.

El conformismo no es bueno, estanca nuestro crecimiento y si no estamos creciendo nos estamos hundiendo. Además, el conformismo mata el optimismo. ¿Dónde has visto un optimista que no crea que las cosas estarán mejor o un pesimista que no crea que estarán peor?

Los líderes se destacan por un hambre y una sed de mejoría y cambio, por una sana curiosidad de hallar eso que se encuentra más allá del estándar actual.

No es que siempre estés en el tope. Hay días de días. Hasta los más grandes campeones tienen baches. El problema se presenta cuando te enamoras de comer tierra. Si te caes en un hoyo no querrás quedarte ahí. Levántate; tú fuiste hecho para más. El asunto no es creerse el dueño del mundo, sino el punto aquí es que el resultado de no conformarte debe ser que harás todo con más excelencia, esmero, entrega, calidad. Aspirarás a mejores y grandes resultados y harás lo necesario (bueno y bien) para obtenerlos.

Claves para grandes resultados

Eleva tu desempeño

La exigencia propia es un hábito de gran valor que lamentablemente no es tan popular como otros. No hay nada de malo en querer hacer cada día las cosas un poco mejor. Esto es distinto a obsesionarse y convertirse en alguien que sufre de perfeccionismo. Michael Hyatt dice: «El perfeccionismo es la madre de la postergación».[1] No hay necesidad de excederse y si sientes una compulsión debes tratar con ello. Dentro del marco de lo normal (siendo algo que no te domine), está bien que desees mejorar cada vez más y que te exijas un poco más cada día.

En la película *El último samurái*, el capitán Algren es capturado y llevado a un poblado donde los samuráis vivían y se entrenaban. En un momento de reflexión él describía su experiencia con ellos de esta manera: «Ellos son un pueblo intrigante. Desde el momento en que se despiertan se dedican devotamente al perfeccionamiento de lo que persiguen. Nunca había visto tal disciplina».[2]

La exigencia y el perfeccionamiento son parte importante de la cultura de quien quiere liderar. Podemos ser exigentes y excelentes o conformistas y mediocres, pero no hay manera de que seas excelente y conformista al mismo tiempo. Subir el nivel y procurar elevar el desempeño no implica ser perfecto, solo implica el deseo de lograr más y mejores resultados. Por lo tanto se debe cuidar de no maltratarnos o castigarnos cuando no obtenemos ese mejor desempeño, ni tampoco maltratar o castigar a otros cuando no logran subir el nivel como lo esperamos. Elevar el nivel y buscar la excelencia no implica sufrir de perfeccionismo. Hay que tener cuidado con sobrepasarnos en este sentido.

Incrementa tu productividad

Esto implica la optimización de tus recursos, es decir, hacer un mejor uso de lo que tenemos para que produzca más. Es asunto de sentarse a evaluar e investigar cómo sacarle mejor provecho a lo que ya cuentas.

Es legítimo producir más, de hecho Dios está interesado en que, apegados a Él, así lo hagamos: «El que permanece en mí, como yo en él, dará mucho fruto; separados de mí no pueden ustedes hacer nada» (Juan 15.5, NVI). La condición aquí es que la productividad suba estando de la mano de Dios. Muchos procuran un incremento en su productividad haciendo actos ilegítimos o irregulares, pero esto no es correcto. Siempre hay maneras legítimas con las que podemos producir más resultados.

Para incrementar tu productividad debes conocer primero el estado actual en que estás. Teniendo esta información, llega el momento de fijarte una nueva meta. Es fácil decir «quiero ser más productivo» y no colocar un número que te ayude a medir si lo has logrado realmente. Por ejemplo, un vendedor que vende 1.000 piezas mensuales de su producto se dice: «Quiero vender más» y el próximo mes vende 1.001, él logró su meta, pero la pregunta es: «¿Fue suficiente?». Probablemente no, pero como no tenía claro cuál era su nuevo estándar sencillamente está bien. Tres sugerencias respecto a tus metas de productividad:

1. No las compares con las de otros
2. Ten presente que tú eres tu propio y mayor competidor
3. Busca apoyo, porque las cosas se logran mejor en equipo

Mide y evalúa

Si no existe la autoevaluación, no pueden darse las condiciones óptimas para que haya cambios más efectivos. Debes sentarte calmadamente y con toda objetividad medir los resultados de lo que vienes haciendo. Para ello es importante que identifiques cuál es el estándar con el que mides tus resultados y el proceso mediante el cual llegas a ello. Un fenómeno común es que la gente espera mucho de otros y poco de sí mismo, por lo tanto, exigen mucho a otros y no les agrada mucho que les exijan. Debes aprender a tener altos niveles para tu evaluación propia.

Es de valor medir tu manera de hacer las cosas contrastándola con la de otros que hayan tenido éxito en lo mismo. Si alguien ha llegado a un alto nivel en su ejecución y obtención de resultados, es bueno ser enseñable y humilde, y averiguar cómo ha hecho para así aprender de él. Debemos tener un marco personal de referencia y este no debe estar nunca por debajo de la excelencia. Algunas preguntas que podrías hacerte son:

- ¿Cuándo es satisfactorio?
- ¿Cuándo el resultado representa lo que en realidad quiero obtener?

- ¿Cuándo es suficiente como para ser un modelo de excelencia?

Luego de evaluar llegó el momento de ser sinceros, de aceptar en lo que podrías ser mejor y trabajar para optimizarlo. Esto llevará reaprender y reinventarse, requerirá ser enseñable, humilde y con disposición hacia el aprendizaje.

Genera nuevas soluciones, innova

Uno de los mayores genios de la época fue Steve Jobs. Junto a su empresa Apple dieron un gran vuelco a la manera que se venían haciendo las cosas en todo el mundo y marcaron un nuevo rumbo en aspectos que van mucho más allá de la tecnología. Los cambios que introdujeron y promovieron por medio de la innovación no han tenido precedentes. Al mirar la historia de su empresa, es de notar que una de sus improntas era la innovación. Siempre se separaba de los demás en cuanto a lo que hacía y por eso constantemente lideraba los mercados. Al leer su biografía oficial y otros documentos a los que hace referencia podemos descubrir fácilmente que al parecer nunca estaba conforme con lo que ya estaba hecho. Siempre estaba buscando una manera de que lo existente fuera mejor, tomar lo que ya estaba y mejorarlo. Para esto necesitaba muchas veces reinventarlo. Buenos ejemplos son el mouse y el teléfono celular. Ya estaban inventados, pero Apple decidió que su manera de existir iba a ser diferente. Gran parte de su éxito radicó en que estaban decididos a reinventar las cosas. Mientras que los especialistas de mercadeo invertían millones en preguntarle al público qué deseaba, la estrategia de ventas de Jobs y Apple era para algunos muy simple. Iban y le mostraban a la gente un nuevo producto tan bien hecho y tan innovador que el público se encontraba irremediablemente atraído hacia él. Cuando se hizo el lanzamiento del nuevo producto Apple iPhone 5, según cifras dadas en algunos sitios de reportes empresariales, en las primeras veinticuatro horas de preventa, dos millones de teléfonos fueron vendidos. Estamos hablando de dos millones de aparatos que no estaban aún en el mercado, que la gente no ha tocado ni ha palpado, pero ya los quieren.

Cualquier buen líder debe probar nuevas maneras de hacer las cosas, estimular el pensamiento creativo, permitir las nuevas ideas de las personas que le rodean, no creer que sus ideas son las mejores y que son perennes. Justo ayer le decía a alguien de mi equipo aquí en Maracaibo que hace cinco años la manera de comunicarnos era totalmente diferente a la de hoy, el vertiginoso desarrollo de las redes sociales ha volcado todo, pero le decía que sin embargo, pronto las cosas volverían a cambiar, alguien más inventaría algo nuevo. Seguro algo cambiará, siempre alguien viene con una nueva y renovada idea y mejor. Un gran amigo que es publicista le dio por nombre a su empresa «La idea que viene», me gusta mucho ese nombre, la idea que viene es la que estará vigente dentro de poco y la que hoy está ya no lo estará, así que debemos estar pendiente de no perdernos la idea que viene.

Trabajé con un amigo de mi papá a quien tengo mucho que agradecerle, es un hombre de innovación y avanzada, un generador de oportunidades, siempre estaba soñando y buscando nuevos proyectos. Era un empresario de telecomunicaciones y tecnología, yo estaba en una oficina con un equipo justamente buscando generar e implementar nuevas soluciones tecnológicas. De continuo estábamos buscando sorprendernos con nuevas creaciones y desarrollos innovadores; en muchas oportunidades, al reunirnos con él y mostrarle lo que hacíamos, nos miraba y decía: «No es así, es al revés», acto seguido procedía a explicarnos porque veía las cosas totalmente al contrario de lo que estábamos mostrándole. Era del mismo modo en los negocios y debo decirte que por lo general tenía razón. Hace mucho tiempo que no seguimos sosteniendo lazos laborales, pero sí conservamos una gran amistad y aprecio en nuestras familias, y sobre todo le agradezco porque muchas veces me encuentro a mí mismo repitiéndome: «Abraham, no es así, es al revés». Gracias, Ricardo, por esa y muchas otras lecciones valiosas.

El hecho de que algo se haga de cierta forma no quiere decir que se tiene que quedar así. Aquellos que al vivir su liderazgo deseen encontrar los más grandes resultados se deben atrever a hacer lo que hasta ahora no ha sido hecho. Solo así podrán alcanzar los resultados que nadie más ha alcanzado.

Sé más agudo

Me gusta la definición que da un amigo, Juan Carlos «Rex» García, autor de un libro que se llama *Agudeza*, escrito junto a Juan Vereecken. Juan Carlos dice: «Alguien agudo es ágil de mente, que puede procesar pensamientos rápidamente, que ve detalles y tiene soluciones».[3] Veámoslo de forma sencilla. Estaba en primer año de secundaria y por primera vez en la vida un profesor mandó a citar a mi padre. Al llegar a casa me acerqué y antes de decirle nada ni mostrarle el papel de la citación, con un tono muy amistoso (siempre fuimos demasiado amigos él y yo) le pregunté: «Papá, ¿alguna vez te mandaron a llamar a tu papá a la escuela?». Con una sonrisa de picardía como recordando sus propias travesuras, él me dijo: «Sí, claro hijo». Ahí aproveché y le dije: «Bueno a mí también. Toma, el profesor de matemática quiere hablar contigo». Recuerdo con mucha claridad su cara, no le quedó otra opción más que, después de quedarse medio estupefacto por un momento, medio reírse e ir a conversar con el maestro. Parte de eso es agudeza.

Agudeza es rapidez mental o ingenio, perspicacia o rapidez del sentido de oído, vista u olfato. Es una expresión que muestra rapidez mental o dicho ingenioso. La persona aguda examina rápida y profundamente las cosas. La persona aguda no es simplista en los criterios bajo los que se evalúa algo; es más profunda. Cuestionar tus primeras conclusiones y esforzarte por ver más es la actitud de alguien que desea incrementar su agudeza. El agudo puede ver con mucha claridad las cosas, tanto las grandes como las pequeñas.

Los líderes no se pueden quedar contemplando los parajitos en los árboles mientras las cosas están sucediendo. Tienen que saber hacer un uso adecuado del acelerador y el freno en sus acciones diarias. La capacidad de hacer esto en un líder va a tener fuerte peso sobre la calidad de sus decisiones y la ejecución de sus acciones. Es muy malo llegar después de tiempo, pero también lo es llegar antes. El buen líder saber discernir cuándo es el momento justo.

Liderazgo requiere tener la habilidad para mirar más profundo y aprovechar el momento, ya que una facultad importante para el desarrollo del liderazgo es la capacidad de aprovechar oportunidades y sobre todo de ver oportunidades donde otros no las ven en asuntos que podrían parecer no aprovechables para así cristalizarlos de la mejor manera, y para esto se requiere agudeza.

Permite que otros evalúen lo que haces

La mirada de otras personas sobre nuestro desempeño es un factor de mucha importancia, de estas evaluaciones puedes recibir la retroalimentación sobre lo que estás produciendo y su impacto sobre los demás. Es trascendental que otros evalúen lo que haces por dos razones:

1. No puedes verlo todo, ellos ven más

Nuestras propias observaciones respecto a la calidad de lo que hacemos están sujetas a nuestros criterios y manera de ver la vida, a nuestra propia consideración (por lo general, seremos condescendientes con nosotros mismos) y a nuestras cegueras. Debemos aprender que no lo vemos todo, por lo tanto es importante la mirada de otras personas. Nuestros compañeros de trabajo, los amigos y la gente que camina a nuestro lado van a tener una perspectiva de las cosas que nosotros mismos estaremos perdiendo. Esto no sucede a veces, sucede siempre. Por norma general, en la vida debes pedir la opinión de otros con respecto a lo que estás haciendo para ver de qué manera piensan ellos que pudiera ser mejor. No en búsqueda de aprobación, sino buscando ampliación de criterio. Sin duda alguna, esta fue una de las cosas que más impactó mi proceso de aprendizaje cuando hice mi certificación como coach cristiano. No podemos verlo todo, plantea Héctor Teme, autor del libro de coaching *Logra lo extraordinario*; plantea que tenemos ciento ochenta grados de visión y ciento ochenta grados de ceguera, por lo tanto Dios nos creó con la necesidad de buscar la mirada de otras personas. Esto es algo muy cierto, para ver lo que tienes detrás tienes que dar la vuelta y ahora te estarás perdiendo lo que hace un momento podías ver, pero si tuvieras a alguien de frente, esa persona podría decirte exactamente lo que está detrás de ti sin tener que moverte a ningún lugar. Su perspectiva, sumada a la tuya, te da la mirada completa.

Todo lo que hacemos está vinculado con otros, nada de lo que haces está aislado o exento de tocar la vida de quienes te rodean y aun más allá, por lo tanto, ellos son los que saben bien.

2. Supervisión trae acción

Sin importar la posición que tengas en cualquier organización, cuando alguien está observando lo que haces, normalmente vas a sentir la inclinación de moverte a hacerlo mejor. Pero si sientes que no tienes que darle cuentas a nadie, te empezarás a acomodar con el nivel de lo que haces y a rodarte hacia la zona de comodidad, hasta que plácidamente te recuestes a tus resultados actuales, los cuales por cierto no permanecerán estáticos, sino que con el tiempo probablemente vayan decreciendo en calidad.

La evaluación de otros puede generarte oportunidades. El rey pudo notar las capacidades de Daniel y seguramente indagó acerca de su trabajo, y sus resultados le ganaron un lugar privilegiado. «Y tanto se distinguió Daniel por sus extraordinarias cualidades administrativas, que el rey pensó en ponerlo al frente de todo el reino» (Daniel 6.3, NVI). Si los demás no pueden ver lo que haces, jamás podrán saber si es bueno. Tienes que exponerte a la supervisión.

Permitir que te evalúen es un consejo válido para todos, pero no todos manejan bien los resultados de preguntarles a otros sobre sí mismos. Muchas veces no se quiere escuchar lo que otros tienen que decirnos porque probablemente puede ser doloroso, vergonzoso o simplemente distinto a lo que esperamos o creemos de nosotros mismos. Sin embargo, ese breve momento de incomodidad puede dar el fruto de tener claridad y una mejor perspectiva, permitiéndonos reconocer las cosas para así trabajar en las áreas donde requerimos mejorar. Hay que tener mucha seguridad para crear un espacio de confianza donde otros puedan hablarte con claridad sobre tu desempeño, sin temor a represalias o a heridas. Seamos sabios y pidamos consejo, al hacerlo estaremos obteniendo otras perspectivas que pueden ser muy relevantes para nuestros resultados. Proverbios 12.15 dice: «Al necio le parece bien lo que emprende, pero el sabio atiende al consejo» (NVI).

Prepárate

Una buena ejecución para obtener grandes resultados necesita una excelente preparación previa. Una vez que tienes el deber de ejecutar alguna tarea o trabajo que cumplir es de valor que te sientes a evaluar el escenario del porvenir. Evalúa cuáles son los requerimientos para lograrlo de la mejor manera, qué estrategia debes seguir y cómo te vas a preparar para el resultado que se quiera obtener. Proverbios 21.5 afirma: «Los planes bien pensados: ¡pura ganancia! Los planes apresurados: ¡puro fracaso!» (NVI).

Planes bien pensados hablan de planificación, evaluación y posibles rutas, de conocer los requerimientos. Es tomar un tiempo para tener buena conciencia de cómo enfrentaremos lo que tenemos por delante. Por ejemplo, cuando soy invitado a dar un seminario o una conferencia, al llegar al sitio, sea empresa, hotel, iglesia o donde sea, hago varias cosas, pero dos que no pueden faltar: hablar con el organizador del evento para investigar sobre las expectativas de la audiencia y las suyas y, la otra, chequear que los equipos y la tecnología (sonido, vídeo beam, etc.) estén en orden. Algunos dirían que eso es asunto de los técnicos. Yo digo que no, porque esos detalles podrían arruinar un buen momento. Por supuesto que no voy a conectar equipos, pero sí a conversar con los encargados de estos para clarificar expectativas y estar en la misma página con lo que espero de la tecnología. Estos detalles pueden arruinar un buen momento. Otro asunto es que trato siempre de caminar por el escenario y el auditorio, por lo tanto procuro llegar muy temprano al recinto en cuestión. Pero si yo pienso (mal pensado) que basta con que todo esto esté bien, pero antes (días o meses) no me he preparado adecuadamente, física, intelectual y espiritualmente respecto a lo que he de comunicar, de nada sirven estos chequeos previos. Si no he pensado bien al respecto no podré obtener los resultados deseados en el momento. El principio aquí es sencillo: un excelente antes garantiza en mucho un excelente durante y este nos llevará a un excelente después (el gran resultado).

Persevera

Es legítimo querer ver pronto los resultados de nuestro esfuerzo, pero también debemos desarrollar el arte de la espera. Yo en lo particular he tenido que aprender a ser paciente con dos cosas: primera, con el progreso poco a poco, ya que hay procesos y esperas que son naturales y necesarias y no deben forzarse; segunda, conmigo mismo y mis limitaciones propias. No podemos lograrlo todo en un día. En muchas oportunidades hay que ir paso a paso. La destreza toma tiempo en desarrollarse. Si no desarrollamos paciencia en este sentido estaremos sumamente frustrados. El secreto para lograr los resultados óptimos en las cosas que son verdaderamente duraderas es la perseverancia. Muchas veces no logramos un óptimo resultado en los primeros intentos, pero al final, si nos mantenemos en la constante y repetida acción, seguramente lo vamos a alcanzar. Ya sabemos que la gotera termina rompiendo la roca.

Trabaja junto a otros

Es obvio que el trabajo compartido es mejor. Tú y yo solos, accionando de manera individual jamás tendremos el mismo alcance, fortaleza y durabilidad que tendrá un equipo de trabajo. Para un líder, la colaboración de otras personas es esencial ya que ellas, con sus esfuerzos y dedicación, multiplican los resultados. Hay tareas que serán sencillamente imposibles o que nos desgastarán ya que tienen una exigencia descomunal si las tratamos de hacer de forma individual, pero que de la mano de otros serán muy fáciles de ejecutar. ¡Unidos ganamos más!

Sé diligente y detallista

No sé si has tenido la oportunidad de palpar la diferencia de trabajar con personas que son muy diligentes y trabajar con otras que no tienen esa actitud. Los diligentes son cuidadosos y buscan hacer el trabajo con gran calidad. Además, son prestos. Están dispuestos siempre a la actividad y nunca se quedan como «pesados» en lo que hacen, sino que hacen parecer lo que hacen «un juego de niños». Para la gente diligente el camino entre una meta puesta y una meta cumplida es un simple trámite, hacen todo con ligereza, practicidad y una eficacia incomparable.

La gente diligente no pierde de vista los pequeños detalles. Nada enamora más que los detalles. Recuerda que la diferencia entre lo ordinario y lo extraordinario es el extra, ese extra que está en los detalles. Recuerda que la manera clásica de un hombre enamorar a una mujer es con detalles, ellas se sienten como reinas, así mismo cuando el hombre está bien atendido se siente como un rey, en ambas vías todos son felices gracias a los detalles.

Hay dos equipos, el de los diligentes y el de los negligentes. ¿En cuál estás? Dice Proverbios 18.9: «El que es negligente en su trabajo confraterniza con el que es destructivo» (NVI). Los detalles ayudan a crear momentos memorables. Siempre es recomendable preguntarnos: ¿qué detalle podría hacer de esto algo mejor? No tiene que ser algo grande, solo un pequeño detalle con tu sello personal marcará la diferencia. La gente no está muy acostumbrada a los detalles, así que cuando tú seas detallista producirás resultados fuera de lo común. Algo sencillo como una palmada en el hombro a un compañero de trabajo, tomar unos minutos para agradecerle a tu familia por lo que hacen por ti, al informe que te pidieron en la empresa agregarle información que sabes que es relevante, aunque no te la pidieron, y cosas por el estilo, son muestras de detalles.

Una cosa es hacer lo esperado y otra excederse. Cuando sobrepasas las expectativas das más y así obtendrás más. La diligencia es provechosa: «La mano negligente empobrece; mas la mano de los diligentes enriquece» (Proverbios 10.4, RVR60). Mientras más sembramos, más posibilidades tenemos de cosechar con abundancia. No hagas solo lo que la gente espera. Toma el tiempo para sorprender a otros. Arranca una sonrisa y un «bien hecho» de sus bocas. Que agradable es saber que por ser diligentes podemos hacer la vida de otros más fáciles y mejores, además que obtendremos mejores resultados personales.

Descansa

Aunque parezca extraño, deseo concluir estas recomendaciones con una que es de muy alto impacto, pero muy poco apreciada: debes descansar lo suficiente. Lamentablemente en una cultura donde perseguir metas y logros pareciera haberse convertido en lo más importante, se ha menospreciado el valor de un buen tiempo de reposo. Cuando no descansas, en lugar de ser más productivo lo único que estás haciendo es fundiéndote el motor y colaborando con tu propio fracaso.

El descanso provee la renovación necesaria de fuerzas para continuar en un alto nivel de ejecución. No tiene nada de malo, lo malo es la pereza. Solo los mediocres celebran la pereza, solo a ellos les causa gracia perder el tiempo. La gente productiva sabe que cada minuto cuenta y por lo tanto hay que hacerlo valer. Pero ser productivo no significa trabajar sin descanso. A veces lo mejor es pasar un buen rato con la familia o los amigos, tomar una buena siesta, ver algún deporte o practicarlo, ver una película o disfrutar cualquier mecanismo de esparcimiento que tengas. El descanso es la recompensa al trabajo, no es para satisfacer nuestros deseos de postergación, pereza o flojera. Necesitas romper con cualquier hábito de pereza y entender el descanso como una recompensa al esfuerzo y como algo bueno, sobre todo como algo muy necesario para mantenerte saludable y en marcha.

«El de manos diligentes gobernará; pero el perezoso será subyugado» (Proverbios 12.24, NVI). Los diligentes van a estar en un buen lugar mientras que los perezosos la van a pasar mal.

Si deseamos que nuestro liderazgo tenga resultados impactantes debemos movilizarnos con diligencia, trabajar ardua y apasionadamente, esforzarnos para obtener la excelencia, con la mejor calidad posible, y elegir que nuestros resultados y desempeño sean de inspiración para otros. Para ello debemos elevar el estándar.

Los domingos mucha gente se queja de que al día siguiente es lunes y les toca trabajar. Les da pereza, y siempre les digo algo: el lunes no va a dejar de llegar, siempre va a volver a ser lunes, así que lo mejor es aprender a quererlo y aprovecharlo. Cambiemos la pereza por acción. Las cosas igual las vas a tener que hacer, entonces ¿por qué no hacerlas de la mejor manera posible con el mejor ánimo posible?

Los líderes redefinen el nivel, se inspiran e inspiran a otros y de continuo elevan las expectativas y los estándares. Muchos amarran inseparablemente la motivación con la emoción, pero para mí no es así. Si estás motivado a obtener grandes resultados producto de la emoción, simplemente decaerás. No puedes supeditar tu productividad a tu estado anímico. Aunque está comprobado que tienen una relación directa, podemos intervenir en nuestras emociones y anteponer varios asuntos para así mantener el nivel, pero quiero darte alternativas. Te propongo que encuentres tu motivación en estos tres elementos:

Compromiso: estás tan comprometido con los buenos resultados, con la visión y el futuro, que te mantienes haciéndolo bien.

Carácter: tu fortaleza interna te lleva a seguir andando y haciéndolo bien porque sabes qué es lo correcto.

Sentido de trascendencia: sabes que tus acciones dejarán una marca en las vidas de otros y deseas que esa marca sea la mejor, por lo tanto, te dedicas a hacer la parte que te toca de manera excelente.

Haz que tu vida sea una vitrina donde se exhiba la excelencia. Una vez más te digo: ¡vive tu liderazgo!

Capítulo 9

Perspectiva:
eleva tus criterios

«La sabiduría es lo primero. ¡Adquiere sabiduría!
Por sobre todas las cosas, adquiere discernimiento».
PROVERBIOS 4.7, NVI

«Cuando quieras la sabiduría como querías ahora el aire,
entonces la tendrás».
ANÉCDOTA DEL FILÓSOFO SÓCRATES[1]

S e espera de los que han asumido el reto de vivir su liderazgo que tengan respuestas más elevadas que el resto de las personas que no se han comprometido con ser de influencia. No quiere decir que debas ser perfecto o más inteligente, pero sí que debes buscar ser sabio.

Cuentan que en una junta ejecutiva estaban buscando concilio para tomar una importante decisión, no encontraban salida, estaban presionados. Alguien dijo que no era tan importante después de todo, que se relajaran. El director de la mesa se levantó y dijo: «Señores, recuerden que el noventa y cinco por ciento de las decisiones que tomamos pueden ser tomadas por un adolescente medianamente inteligente, pero a nosotros nos pagan por el otro cinco por ciento».

Lo anterior es simplemente una manera de ilustrar de forma sencilla lo que sucede una vez que has salido al ruedo. Una vez que te dispones a hacer algo diferente y tener otros resultados, a vivir tu liderazgo realmente, empieza a moverse una gran rueda de responsabilidades, retos y expectativas. La gente que te rodea espera de ti más de lo que crees, sobre todo cuando empiezan a ver que tu vida está elevándose o moviéndose hacia algún sitio mejor. La verdad que la historia nos ha dejado ver es que en una gran cantidad de oportunidades los líderes no fueron suficientemente hábiles, íntegros o capaces como para mantenerse por medios propios en su plenitud por tiempo indefinido. Muchos líderes que vieron esplendor se encontraron con tristes finales en sus carreras gracias a descomunales equivocaciones. Grandes imperios de todo tipo han caído una y otra vez. Al investigar y evaluar las razones por las cuales esto ha sucedido, de una u otra forma al final lo que se descubre es que no supieron tomar y sostener las decisiones más importantes.

La solución a esta situación se resume en una sola palabra: sabiduría. Es una palabra común para todos, pero los intríngulis de lo que representa son muy profundos, han sido discutidos ampliamente desde incontables perspectivas culturales, filosóficas y teológicas, así que no pretendo tener gran amplitud en el asunto, hay muchas fuentes de referencias para esto, sencillamente quiero traer un poco a colación el valor que tiene la sabiduría en el liderazgo. Hablar de esto no es un tema sencillo, ni mucho menos tema de un solo capítulo. Deseo destacar un aspecto solamente sobre el asunto de la sabiduría: es lo que más debe buscar nuestro corazón para vivir un buen liderazgo.

Un día, Salomón se encontró con el reto de gobernar una nación entera y te aseguro que una cosa es ver a papá haciéndolas de rey y otra que te toque a ti. Ya hemos escuchado y visto historia de herederos que terminan por despedazar los imperios empresariales que a sus padres les costó toda la vida construir, porque sencillamente no estaban preparados para estar al frente. ¿Por qué crees que Salomón pidió sabiduría? Supongo que esa sensación de incapacidad que enfrentan dichos herederos empresariales la enfrentó Salomón como joven e inexperto rey. Pero él hizo lo más inteligente que cualquiera puede hacer al encontrarse frente a una responsabilidad que sobrepasaba sus capacidades personales, intelectuales y su habilidad de liderazgo, sencillamente se rindió, reconoció su condición y buscó la ayuda necesaria. «Yo te pido sabiduría y conocimiento para gobernar a este gran pueblo tuyo; de lo contrario, ¿quién podrá gobernarlo?» (2 Crónicas 1.10, NVI). La humildad además de lograr cientos de cosas para un líder, le gana la posibilidad de hacerse sabio.

Lo que Salomón pidió, conocido por nosotros como sabiduría, en su forma idiomática en el original (kjokmá) indica la capacidad de poder hacer su tarea en un grado superlativo, tener la comprensión, las capacidades, el entendimiento y la perspectiva que le permitieran conducirse con un criterio más elevado de una manera tal que pudiera guiar a la gente hacia el éxito y terminar bien su tiempo.

Hablando de terminar bien, una serie de películas muy populares en la historia del cine es la saga *Volver al futuro*, seguramente has visto alguna de ellas o al menos sabes de su existencia. Entre otras cosas muy interesantes en la serie está el famoso vehículo que los trasladaba en el tiempo, El Delorean. Dicho vehículo fue creado por John DeLorean, él nació en Detroit en enero de 1925, se graduó de ingeniero y trabajó en la General Motors. Era catalogado como uno de los hombres que tenía toda la potencialidad para ser uno de los más importantes en la historia de dicha empresa. Desde temprana edad escaló vertiginosamente hasta convertirse en vicepresidente de la GM, pero se dejó llevar por sus deseos y abandonó la empresa en el 1974. Fundó la DMC y usó todo el corazón y los recursos en su nuevo vehículo, no escatimó en nada, sin embargo, esto no garantizó el éxito que él esperaba. De hecho, las ventas disminuyeron y se encontró en terribles problemas económicos. Tomó muy malas decisiones y cayó en graves problemas personales. Fue arrestado en la ciudad de Los Ángeles, California, en octubre de 1982 mientras traficaba un maletín de cocaína. Él pretendía hacer una transacción por veinticuatro millones de dólares para salvar su empresa DMC de la quiebra. No pudo detenerlo, el negocio se derrumbó y desapareció. Al menos en el 1984 logró que lo declararan inocente porque había sido incitado a cometer dicho delito y fue dejado en libertad. John DeLorean murió en el 2005 en Nueva Jersey a los 80 años de edad. Pudo tener una carrera brillante y cambiar el rumbo de la industria automotriz, pero... le faltó sabiduría.

Liderazgo superlativo

La sabiduría puede identificarse como buen juicio, prudencia e inteligencia aplicada al modo de comportarnos. Tiene múltiples resultados positivos en nuestra vida, ya que nos lleva a conducirnos y actuar de manera superlativa. Quiere decir que nos lleva a ser mejores que el resto, no porque seamos superiores o porque los otros sean inferiores (una de las cualidades del sabio es que es humilde), sino porque los resultados que se producen, las decisiones que se toman y los vínculos relacionales que se generan son más altos, van más allá, son los óptimos, están por sobre el promedio. Se destacan y funcionan perfectamente no solo para el ahora, sino que en el tiempo perdurarán con el sello de «mejor hecho».

¿Por qué la sabiduría y no otra cosa?

Te presento solo unas pocas razones para procurar la sabiduría. La verdad es que son demasiadas. Si quieres nutrirte y enriquecerte en este tema, te invito a leer y profundizar en el libro de Proverbios de Salomón y en general en la Biblia.

Sabiduría frente al dinero

La Biblia afirma: «Puedes ponerte a la sombra de la sabiduría o a la sombra del dinero, pero la sabiduría tiene la ventaja de dar vida a quien la posee» (Eclesiastés 7.12, NVI).

Todo el dinero del mundo no puede ayudarte para arreglar ciertos problemas o ayudarte a tomar ciertas decisiones que solo la sabiduría puede hacerlo. Por ejemplo, la crianza de los hijos, los negocios, la salud, el matrimonio, las relaciones, la integridad y muchas más. Esto es fácil de ver en la práctica: trata de comprar el amor de tus hijos o familia y luego hablamos de los resultados.

Proverbios 17.16 pregunta: «¿De qué le sirve al necio poseer dinero? ¿Podrá adquirir sabiduría si le faltan sesos?» (NVI).

Sabiduría frente a productividad

«Y pude observar que hay más provecho en la sabiduría que en la insensatez» (Eclesiastés 2.13, NVI).

El sabio no solo sabe cómo se deben hacer las cosas de manera correcta, sino que también sabe reconocer lo que es mejor, es decir, cuál será la decisión o manera de hacer las cosas para que sean más provechosas tanto hoy como a largo plazo. El hecho de que una persona sea productiva no quiere decir que sea sensata. La insensatez y la falta de buen juicio pueden llevar toda la productividad a la basura. Alguien podría pasar cientos de hora al año trabajando para construir algo o desarrollar un proyecto o negocio y por insensatez tomar una mala decisión que lo lleve a la quiebra.

Sabiduría frente a muchos recursos

«Más fortalece la sabiduría al sabio que diez gobernantes a una ciudad» (Eclesiastés 7.19, NVI).

El proverbio habla de diez gobernantes, es decir, una gran cantidad de gente para guiar una ciudad. A menudo creemos que tener mucho es garantía de que tendremos lo necesario para alcanzar nuestras metas. El sabio no requiere gran cosa, solo sabiduría para administrar lo que posee, sea mucho o poco, y así hacerlo bien. Por ejemplo, un hombre puede tener incontables capacidades externas y sin embargo, quebrantarse ante la presión. Al sabio no le sucede esto, el que ha cosechado sabiduría tiene un alma quieta que es capaz de ver más allá de lo que tiene al frente y no dejarse llevar por la impulsividad emocional, sino permanecer fortalecido en medio de cualquier circunstancia, porque tiene una claridad y entendimiento mayores que el común.

Sabiduría frente a relaciones

La Biblia afirma: «La sabiduría te librará del camino de los malvados, de los que profieren palabras perversas» (Proverbios 2.12, NVI).

Aunque parezca increíble, hay personas que pretenden dañarte, sabotearte o hacerte caer en tu ruta de liderazgo. Todo líder tiene adeptos y adversarios. Debes acostumbrarte a que siempre que trates de hacer algo bueno habrá más de uno que no esté de acuerdo y que trate de interrumpirte. La sabiduría te dará el buen juicio y las capacidades para manejarlas, te enseñará las maneras de lidiar con ellas y la estrategia necesaria para sobrepasar el conflicto. De igual manera hay relaciones que no te convienen, quizá no sean personas que te estén haciendo daño de forma deliberada, pero es probable que influyan negativamente en ti. La sabiduría te dará el discernimiento necesario para identificarlas, el entendimiento para saber qué hacer respecto a ellas y el tacto para hacerlo adecuadamente.

La sabiduría es realmente lo primordial y lo mejor

Cualquiera que se haya adentrado aunque sea un poco en el mundo del liderazgo, ha escuchado que «la persona más difícil de liderar eres tú mismo». Esto es cierto.

La sabiduría es lo que nos dará la prudencia y el sentido común para sobrevivir a nuestra propia e infinita estupidez. Pido disculpas si el término te parece muy fuerte u ofensivo, pero no consigo otra palabra que haga el mismo trabajo, aunque si quieres puedes sustituirla por «torpeza personal». Seamos honestos, nunca se tienen suficiente experiencia o conocimientos como para estar libres de la posibilidad de tomar una decisión tan mala que termine por arruinarnos la vida o arruinársela a otros. Mientras pasa el tiempo y creces en tu liderazgo es más fuerte el asunto, la presión de la altura es mayor, más cosas y personas dependen de ti, así que tenemos que mantenernos humildes y abiertos para que la sabiduría de la alto sea lo que nos guie.

«No abandones nunca a la sabiduría, y ella te protegerá; ámala, y ella te cuidará» (Proverbios 4.6, NVI). En más de una ocasión estamos frente a decisiones o situaciones críticas, solo la sabiduría puede protegernos de nuestras emociones, apetitos, perspectivas o inclinaciones. Solo la sabiduría puede guiarnos por la ruta segura, cuidando nuestro futuro.

Son tantas las cosas que necesitamos para vivir un liderazgo superlativo, y la sabiduría las cobija todas. Al encontrar la sabiduría hayamos el paquete completo porque una de sus grandes ventajas es que no viene sola, de hecho trae excelente compañía: «Yo, la sabiduría, convivo con la prudencia y poseo conocimiento y discreción» (Proverbios 8.12, NVI). Estas cualidades (entre otras varias que vienen con la sabiduría) sirven para todas las áreas de tu vida. Nos ayudan a manejar apropiadamente nuestras relaciones, saber qué hacer y saber cuándo hacerlo, administrar bien nuestros recursos, elegir nuestras rutinas de vida, tomar las decisiones más apropiadas, comprender más a profundidad las cosas dándonos una mejor perspectiva, saber cuándo retirarnos y cuándo quedarnos (física y emocionalmente), cuándo hablar y cuándo hacer silencio y saber cómo hacerlo. Son tantas las cualidades de la sabiduría, por esto: «La sabiduría es lo primero. ¡Adquiere sabiduría!» (Proverbios 4.7, NVI).

Cuando se cree en Dios, son muchas las oraciones que uno hace. Ora por agradecimiento, pidiendo cosas, intercediendo por otros, etc. En una oportunidad escuché al Dr. Charles Stanley decir que la respuesta siempre llega. Él dice que Dios dice sí, no o todavía no. Yo particularmente he tenido cientos en la categoría de no y todavía no, pero hasta la fecha (y tengo la convicción de que siempre será así) nunca he recibido una negativa a una oración muy personal que quiero compartir hoy contigo. En muchos de los momentos de tensión de mi vida, cuando no he sabido qué hacer exactamente, le he dicho a Dios: «Señor, muéstrame cómo conducirme». Él ha respondido todas y cada una de las ocasiones en que he hecho esto. Confieso que he debido hacer esa oración más a menudo y acepto que en ocasiones he sido tan necio como para no obedecer su consejo... pero, entre otras cosas y por la razón que sea me ha faltado sabiduría, pero cuando sí lo he tomado, los resultados han sido superlativos.

Sé sabio, pide sabiduría

Entre tanto algunos pierden el tiempo tratando de obtener lo que según ellos les llevará a la felicidad o la plenitud, tú y yo debemos ocuparnos de procurar la sabiduría. Ella nos dará todo el resto de las cosas que necesitamos para liderar con eficacia. «La meta del prudente es la sabiduría; el necio divaga contemplando vanos horizontes» (Proverbios 17.24, NVI).

Ahora bien, una cosa es ser sabio conforme a nuestros propios criterios y otra serlo dentro de un criterio más elevado. Este es el punto más importante. El criterio más elevado para liderar viene del mismo sitio de donde vino la sabiduría de Salomón, viene de hacer aquella única cosa que es necesaria: rendirse a Dios. Líder, que el deseo más alto de tu corazón sea el de agradarlo a Él y estar vinculado poderosamente en el cumplimiento de su propósito para ti. Salomón no pidió nada para él mismo, sino cumplir el plan de Dios y cuidar bien a su gente, no pensó en sí mismo y por eso, obtuvo mucho para sí mismo.

Dios le dio a Salomón sabiduría e inteligencia extraordinarias; sus conocimientos eran tan vastos como la arena que está a la orilla del mar. Sobrepasó en sabiduría a todos los sabios del Oriente y de Egipto. En efecto, fue más sabio que nadie [...] Por eso la fama de Salomón se difundió por todas las naciones vecinas [...] Los reyes de todas las naciones del mundo que se enteraron de la sabiduría de Salomón enviaron a sus representantes para que lo escucharan. (1 Reyes 4.29–34, NVI)

El tema de la sabiduría ha sido tan envuelto entre tantas cosas que para muchos puede parecer algo inalcanzable y complicado, pero alcanzar sabiduría es mucho más fácil de lo que se cree. He aquí la manera: «Si a alguno de ustedes le falta sabiduría, pídasela a Dios, y él se la dará, pues Dios da a todos generosamente sin menospreciar a nadie» (Santiago 1.5, NVI).

Líder, anhela vehemente la sabiduría, pídela y la obtendrás. Cuentan que en una ocasión un joven presumido llegó al filósofo Sócrates buscando sabiduría. Se acercó y le dijo: «Oh gran Sócrates, vengo a usted buscando sabiduría». Sócrates detectó de lejos la verdadera actitud de este muchacho. Lo llevó por las calles de la ciudad hasta llegar al mar y lo metió al agua hasta el pecho. Luego le preguntó: «¿Qué es lo que quieres?». Con una sonrisa, el joven replicó: «Sabiduría, oh gran Sócrates». El filósofo colocó sus fuertes manos sobre los hombros del joven y lo metió bajo el agua. Después de treinta segundos, lo dejó salir. «¿Qué quieres?», le volvió a preguntar. «Sabiduría, oh gran Sócrates», dijo el joven, balbuceando. Sócrates lo volvió a meter al agua. Pasaron treinta segundos, treinta y cinco, cuarenta. Sócrates lo soltó, y el hombre salió del agua resoplando. «¿Qué quieres, joven?», volvió a preguntarle Sócrates. Casi sollozando, el joven dijo: «Sabiduría, oh gran So...». Sócrates lo volvió a meter al agua. Pasaron cuarenta segundos, cincuenta. «¿Qué quieres?», le preguntó Sócrates. «¡Aire! ¡Necesito aire!», gritó el joven. Sócrates le dijo: «Cuando quieras la sabiduría como querías ahora el aire, entonces la tendrás».[2]

Termino evocando una oración del doctor Lucas Leys, director de la Editorial Vida y de la organización Especialidades juveniles. Él escribió algo en su cuenta personal de Twitter que marqué como favorito. Es sencilla, pero muy significativa: «Sabiduría. Dame Dios sabiduría. Yo siempre te daré todas mis fuerzas».[3]

«El comienzo de la sabiduría es el temor del Señor».
Proverbios 9.10, NVI

Capítulo 10

Reprodúcete y vive

«Elige, pues, la vida,
para que vivan tú y tus descendientes».
Deuteronomio 30.19, nvi

Reprodúcete.

¿Te has preguntado por qué es tan complicado que tu liderazgo crezca o sea perdurable?

En la película *A Bug's Life*, en medio de una conversación, un insecto le dice a otro: «Primera regla del liderazgo: todo lo que pasa es culpa del líder».[1] Qué tal si te detienes a considerar la posibilidad de que hasta ahora las cosas no han estado del todo bien en lo que respecta a vivir tu liderazgo por asuntos que tienen que ver contigo mismo. Qué tal si tu liderazgo no crece o no perdura en el tiempo por la poca dedicación a la formación y el desarrollo de la gente que te acompaña, que tal si miras un poco menos hacia afuera y por un momento tratas de responderte la siguiente pregunta: «¿Qué he hecho yo de forma personal para desarrollar a otros líderes?».

Formar, educar o desarrollar a otros líderes no necesita de ningún cargo o escenario especial, solo requiere de nuestra disposición a vaciarnos en las personas que están a nuestro alrededor.

Un consejo, y más que un consejo una directriz común en el mundo del liderazgo, es el formar otros líderes. Pero en la práctica se descubre que es una de las cosas que menos se hace. El corazón de la formación de líderes es la reproducción, transferir lo que uno es en tema de valores, cultura ética y varias cosas más, para que otros puedan pasar desde donde están a un mejor lugar. Reproducirse en otros es algo que requiere de mucha inversión y un gran esfuerzo. Esto trae tensión y es costoso formar líderes, pero al mismo tiempo es lo único que garantiza el crecimiento saludable y perdurable de tu liderazgo.

¿Qué hacer o cómo hacerlo?

Me gusta lo que hizo Jesucristo. Él formó líderes de una manera práctica, experimental y personal. Hay miles de lecciones que pudiéramos aprender de su liderazgo, pero quiero hablarte de tres de ellas:

1. Él se mantuvo cerca de la gente (esto le permitió ser modelo)

Estar cerca de ellos era la única manera en que podían aprender a ser como Él, no había otra. Los líderes deben mantenerse accesibles en todo momento para que la gente pueda mirarles y así aprender sus hábitos, sus formas de trabajar, su manera de resolver conflictos o tratar con diversas situaciones. LA GENTE

HACE LO QUE LA GENTE VE. No puedes pedirles a las personas que tengan actitudes diferentes a las tuyas o que hagan cosas diferentes a las que tú haces. Para que ellos sepan cómo lo haces deben estar cerca de ti. Los modelos a lo lejos pueden darle a la gente una imagen distorsionada; los modelos se deben mantener cerca para poder chequear de continuo lo que se desea emular.

2. Les dio lecciones importantes

Jesucristo sostenía reuniones con sus seguidores más cercanos donde les daba información que no le daba al resto de la gente. Al desarrollar intimidad ellos podían conocer a mayor nivel de profundizad su pensamiento y forma de ver las cosas. Además, Jesús en ningún momento dudó en enseñarles, corregirles, disentir de ellos en temas o decirles lo necesario para que mejoraran. Él no tenía temor ni vergüenza de hablarles, ellos eran su equipo, su gente más cercana. No sé si has notado las muchas ocasiones en que la gente prefiere no decirle algo a otra creyendo que se va a enojar o por pena. Tu deber como líder es darles lecciones de valor a otros, hacerles captar los momentos y asuntos importantes de la vida. Si lo haces con amabilidad, con respeto y sobre todo con la motivación de que el otro crezca, seguramente serás entendido, bien recibido y en última instancia, si en algún caso rechazan tu lección, habrás cumplido con tu parte como su líder y podrás estar tranquilo porque lo hiciste por su mejoría y crecimiento.

3. Creó oportunidades de aprendizaje

Es muy importante para el desarrollo y crecimiento de los líderes que estén junto a ti, que generes espacios donde puedan experimentar, libres de las consecuencias de las equivocaciones, aprendizaje supervisado. Jesús lo hizo, enviaba a su gente a realizar ciertas tareas y luego escuchaba sus informes al respecto y les enseñaba en base a las experiencias que habían vivido. El aprendizaje en el liderazgo es (1) yo hago, tú me ves, (2) yo hago, lo haces conmigo, (3) tú haces, yo te veo, y (4) tú vas, lo haces solo y enseñas a otros a hacerlo.

Muchos líderes son incapaces de reproducirse en otros porque se sienten inseguros, otros porque están muy enfocados en sí mismos, algunos no están dispuestos a entregar tan fácilmente lo que tanto trabajo les ha costado aprender, pero la realidad es que mientras más brille la gente que está a tu alrededor, más se muestra que tú eres un excelente líder. Recuerda: si ellos lo logran, entonces tú lo estás logrando.

Vive

Al ver las motivaciones de quienes son fanáticos de algunos artistas de renombre o deportistas profesionales muchas veces encontramos un «yo quiero ser como él o ella», o también un «yo quiero tener lo que él o ella tiene». Aquí podríamos estar hablando de talento, dinero o estilo de vida, lo cierto del caso es que se está generando un enfoque hacia el «bien» o lo «bueno» del otro y no hacia la potencialidad o el talento que se me ha dado como ser humano. Pero esto no es únicamente respecto a las celebridades, un incontable número de personas vive solo mirando la vida ajena y pensando «a mí sí me gustaría tener.... o ser...», uniendo a esta expresión un suspiro que deja todo en un anhelo profundo de vivir una vida que va un poco más allá.

¿Qué ha influido en los que han logrado alcanzar vidas trascendentes?

Definitivamente no hay una fórmula aplicable a cada caso, pero ciertamente hay algunos elementos que se deben incorporar a nuestra vida para llegar a tener esa vida que es trascendente.

El primero de ellos es la libertad personal. La libertad personal es esa condición interna que nos hace libres del miedo y la vergüenza, es una condición que nos lleva a darnos el permiso de intentarlo, de atrevernos a emprender, de elegir ser felices y arriesgarnos a desatar nuestra potencialidad.

Lo que dice Dios respecto a esto es «conocerán la verdad, y la verdad los hará libres» (Juan 8.32, NTV). Algunas verdades que te ayudaran a este propósito son:

Primera verdad: no desees la vida de alguien más. Tienes una vida propia y muy buena esperando por ti.

Segunda verdad: la gente va a apreciar más la peor versión de ti que la mejor versión de alguien que trates de ser.

Tercera verdad: no tienes nada que demostrarle a nadie. No debes vivir queriendo complacer y agradar a todos para ser aceptado. Una cosa es querer sostener buenas relaciones, cordiales, amables y beneficiosas, y otra sufrir de necesidad de aprobación.

Cuarta verdad: no has descubierto aún todo lo que pudieras llegar a ser o hacer.

Quinta verdad: si no te gusta lo que ves (vida, trabajo o familia) puedes transformarlo. No es cambiarlo, es transformarlo. Hacer de eso que no te gusta algo diferente y mejor.

Sexta verdad: las heridas sufridas y la vergüenza no deben amarrarte. Hoy puedes dejar de gemir como un gatito y empezar a rugir como un león. Sé libre.

Es tiempo de que seas libre de lo que está impidiendo que puedas desatar tu máxima potencialidad y vivir tu liderazgo. Dios ha dispuesto un gran destino para ti, aunque no todo sea color de rosas, aunque en el camino se presente el dolor o la adversidad. No pierdas de vista que el sol sale todos los días, que fuiste creado con un cúmulo único de condiciones, que mientras hay vida hay esperanza, que las posibilidades no se han terminado. No desperdicies tus días, Jesucristo dio su vida para que tú y yo podamos vivir. Tomemos pues esa ruta, vivamos.

Vivir es una elección, hoy te animo a tomarla. «Elige, pues, la vida, para que vivan tú y tus descendientes» (Deuteronomio 30.19, NVI).

VIVE TÚ...

¡Vive tu liderazgo!

Concluyo diciéndote, falta mucho por decir sobre el liderazgo. Es un viaje que tiene un gran inicio, pero que no cuenta con un final. Sigamos aprendiendo juntos.

Notas

Capítulo 1

1. BBC Newsround, «Exclusive Bill Gates interview», 7 diciembre 2001, http://news.bbc.co.uk/cbbcnews/hi/club/your_reports/newsid_1697000/1697132.stm.
2. Mariana Moreno, «Una medalla de oro que se forjó jugando a los piratas», *El Nacional*, 2 agosto 2012, http://sanfranciscosur.com/2012/08/02/el-sueno-olimpico-jugaba-a-los-piratas/.

Capítulo 2

1. «Patrick Henry Hughes Official Home Page», http://patrickhenryhughes.com/.
2. *Extreme Makeover: Home Edition*, temporada 5, capítulo 17: «Hughes Family», 2008.
3. Ibíd.
4. John Maxwell, *Lo que marca la diferencia* (Nashville: Grupo Nelson, 2007).

Capítulo 4

1. Juan Vereecken, *Corazón de campeón* (Nashville: Grupo Nelson, 2006), pp. 104–108.
2. *The Devil's Advocate*, director: Taylor Hackford, 1997.

Capítulo 5

1. Muhammad Alí, citado en brainyquote.com, http://www.brainyquote. com/quotes/quotes/m/muhammadal148629.html.

Capítulo 8

1. Michael Hyatt, *Plataforma* (Nashville: Grupo Nelson, 2012).
2. *El último samurái*, director Edward Zwick, 2003.
3. Juan Vereecken y Juan Carlos García, *Agudeza* (Miami: Editorial Vida, 2011).

Capítulo 9

1. M. Littleton, *Moody Monthly* (junio 1989): p. 29.
2. Ibíd.
3. Lucas Leys, Twitter, 11 julio 2010, https://twitter.com/LucasLeys/ status/18274835558.

Capítulo 10

1. *A Bug's Life*, Disney/Pixar, 1998.

Nos agradaría recibir noticias suyas.
Por favor, envíe sus comentarios sobre este libro
a la dirección que aparece a continuación.
Muchas gracias.

Vida@zondervan.com
www.editorialvida.com